KLEINE REIHE
GESCHICHTE
DIDAKTIK UND METHODIK

Michael Sauer

Begriffslernen und Begriffsarbeit im Geschichtsunterricht

WOCHEN
SCHAU
VERLAG

Bibliografische Information der Deutschen Nationalbibliothek
Die Deutsche Nationalbibliothek verzeichnet diese Publikation in der Deutschen Nationalbibliografie; detaillierte bibliografische Daten sind im Internet über http://dnb.d-nb.de abrufbar.

Die Kleine Reihe Geschichte wird herausgegeben von Bettina Alavi, Bernward Debus, Saskia Handro und Christoph Kühberger

www.wochenschau-verlag.de

Titelgestaltung: Ohl Design
Umschlagbild: magele-picture
Gesamtherstellung: Wochenschau Verlag
ISBN 978-3-7344-0800-7 (Buch)
E-Book ISBN 978-3-7344-0801-4 (PDF)

Inhalt

1. Einführung

Geschichte als sprachgebundenes Konstrukt

Geschichte ist ein Sprachfach. „Geschichte" existiert nicht an sich; sie konstituiert sich erst in Form sprachlich verfasster Deutungen von Vergangenheit. Diese basieren auf Quellen, aus denen wir unsere Erkenntnisse über die Vergangenheit gewinnen, denn nur durch Quellen sind uns vergangene Ereignisse, Handlungen, Situationen oder Prozesse überliefert. Unter diesen Quellen stellen wiederum Textquellen die (für den Unterricht) wichtigste Gruppe dar. Bei der Quellenarbeit sollen Schülerinnen und Schüler den Prozess historischen Forschens in Ansätzen nachvollziehen. Dafür müssen sie Texte verstehen und analysieren, in denen in einer oftmals fremden Sprache und Begrifflichkeit ihnen fremde Dinge verhandelt werden. Um zu eigenen Deutungen dieser Quellen zu gelangen, müssen sie anspruchsvolle Denkoperationen realisieren, die sich erneut (mündlich oder schriftlich) in Sprache manifestieren. Zudem sollen sich Schülerinnen und Schüler aber auch mit bereits vorliegenden Darstellungen von Geschichte auseinandersetzen – von einfacheren, jedoch stark verdichteten Darstellungstexten im Schulbuch bis hin zu Historikertexten, die eine hohe sprachliche Komplexität aufweisen. In der Praxis der Quellenarbeit haben Schülerinnen und Schüler Aufgaben zu bewältigen, die mithilfe von Operatoren formuliert sind. Damit verbinden sich ebenfalls bestimmte sprachliche Anforderungen in Form spezifischer Sprachhandlungsmuster. Und schließlich sind Schülerinnen und Schüler bisweilen – etwa im Kontext handlungsorientierter Aufgaben – gehalten, vordefinierte Textformate (Brief, Tagebucheintrag etc.) umzusetzen, deren Merkmale sie kennen und denen sie entsprechen können müssen.

Sprachliche Herausforderungen für Schülerinnen und Schüler

Alles in allem sind damit vielfältige, auf unterschiedliche Sprachregister bezogene sprachliche Herausforderungen verbunden: Es geht um die Sprache der Quellen, um die Fachsprache der Geschichtswissenschaft, um Bildungssprache (in der Geschichte im Unterricht verhandelt werden soll) und um Schulsprache (in den Aufgabenstellungen der Lehrkraft und im Schulbuch); hinzu kommt als Ausgangspunkt die Alltagssprache der Schülerinnen und Schüler. Die Forderung nach sprachsensiblem Geschichtsunterricht muss alle diese Aspekte mitbedenken (vgl. als Problemaufriss und Forschungsüberblick zuletzt Handro 2016).

Kompetenz im Umgang mit Begriffen

Ein spezieller, aber besonders wichtiger Bestandteil fachbezogenen sprachlichen Lernens ist der Umgang mit Begriffen (das Folgende in Anlehnung an Sauer 2015). Für das Fach Geschichte gilt das sicherlich in noch höherem Maße als für andere Fächer. Denn hier geht es nicht nur um Begriffe aus unserer Gegenwartssprache, sondern auch um Begriffe aus vergangenen Zeiten, die einen spezifischen historischen Entstehungs- und Bedeutungskontext haben und zudem ggf. in ihrer Geschichte Bedeutungsveränderungen aufweisen können. Mit Begriffen adäquat umgehen zu können, gehört deshalb zu den zentralen Kompetenzen des Fachs; entsprechende Hinweise finden sich mehr oder weniger prominent in jedem Curriculum und jedem Kompetenzmodell: im FUER-Modell als Teil der „Sachkompetenz“ (Schöner 2007, S. 265), bei Peter Gautschi als Teil der „Methodenkompetenz“ (Gautschi 2006, S. 10), bei Hans-Jürgen Pandel als Teil der „Interpretationskompetenz“ (Pandel 2005, S. 32), beim Verfasser als Teil der „Deutungs- und Reflexionskompetenz (Sauer 2006, S. 11).

Aufbau des Bandes

Der vorliegende Band beschreibt zu Beginn die Besonderheiten von Begriffen in der Disziplin Geschichte (Kapitel 2). Er erläutert dann – verbunden mit einem Blick auf die Curricula – die Herausforderungen, die daraus für das Unterrichtsfach Geschichte resultieren (Kapitel 3). Aus vorliegenden Modellen werden konzeptionelle Ansätze und Strategien für die Praxis von Begriffsarbeit abgeleitet und deren Chancen und Probleme an Unterrichtsbeispielen verdeutlicht (Kapitel 4). Schließlich werden in Kapitel 5 jeweils einzelne methodische Varianten von Begriffsarbeit vorgestellt.

2. Geschichtsbegriffe und ihre Besonderheiten

2.1 Die Funktion von Begriffen

Begriffe sind für unsere Orientierung „in der Welt“ unentbehrlich: Sie benennen Phänomene, beschreiben ihr Verhältnis zueinander und ermöglichen die Kommunikation über sie. Theoretisch werden sie gebildet durch eine Klassifizierung anhand übereinstimmender bzw. unterscheidender Merkmale und Beziehungen. Allerdings entstehen Begriffe in der Regel nicht am Reißbrett: Welche Merkmale und Beziehungen sich mit einem Begriff verbinden, muss zumeist im Nachhinein herausgearbeitet und geklärt werden. Und Begriffe stehen nicht ein für alle Mal fest; sie können sich verändern und neu verhandelt werden.

Fachbegriffe als „Wissensbausteine“?

Für jede Wissenschaft sind spezielle Fachbegriffe unentbehrlich. Mit ihnen lassen sich Objekte, methodische Zugriffe, Theorien und Modelle bezeichnen. In den Naturwissenschaften und den Naturwissenschaftsdidaktiken werden Fachbegriffe oft als Wissensbausteine charakterisiert: Sie sind im Allgemeinen klar definiert und stehen in eindeutigen Beziehungen zueinander, deshalb lassen sich mit ihnen die Gegenstandsbereiche und Arbeitsweisen der Disziplin und des Faches systematisch beschreiben und erschließen. Das schließt nicht aus, dass auch in den Naturwissenschaften lebensweltbezogene Begriffe in Gebrauch sind, die unterschiedlich auslegbar sind und deshalb der fachlichen, aber auch politischen und gesellschaftlichen Verständigung und Aushandlung bedürfen – dazu gehört etwa die heutzutage fächerübergreifend viel beschworene „Nachhaltigkeit“. Es ist jedenfalls kein Zufall, dass die Beispiele, die unter Stichworten wie „Begriffsbildung“ oder „Begriffslernen“ in einschlägigen Lehrwerken der pädagogischen Psychologie angeführt werden, aus dem Bereich der Naturwissenschaften oder der

Mathematik stammen (z.B. Lukesch 2001, S. 434; Mietzel 2003, S. 201–203; Seel 2003, S. 169).

2.2 Begriffe in Geschichte und Geschichtswissenschaft – eine Typologie

Entstehungszeit von „Geschichtsbegriffen"

„Geschichtsbegriffe" sind weniger eindeutig definiert. Der Terminus meint hier die Gesamtheit der Begriffe, die im Zusammenhang von Geschichte Verwendung finden. Die übliche Bezeichnung „historische Begriffe" ist insofern irreführend, als sie sich nur auf in der Vergangenheit entstandene Begriffe bezieht. „Geschichtsbegriffe" können jedoch in unterschiedlicher Zeit entstanden sein und zu dem, was sie benennen, in verschiedenartiger zeitlicher Beziehung stehen: Sie können aus einer zeitgleichen oder früheren Vergangenheit stammen oder zu einem späteren Zeitpunkt entstanden sein; dieser spätere Zeitpunkt kann seinerseits schon wieder (mehr oder weniger weit) in der Vergangenheit oder in unserer Gegenwart (oder zumindest nahe bei ihr) liegen. Sind sie zeitgleich oder älter, handelt es sich mithin um Quellenbegriffe; sind sie gegenwartsnah, um Deutungsbegriffe; Begriffe aus „Zwischenzeiten" sind zunächst Deutungsbegriffe, die für uns aber bereits wieder zu Quellenbegriffen für ihre Entstehungszeit geworden sein können.

Fünf Typen von „Geschichtsbegriffen"

Wie lassen sich „Geschichtsbegriffe" typologisch unterscheiden? Noch immer hilfreich ist das Modell, das Joachim Rohlfes 1986 entwickelt hat. Er unterscheidet fünf Typen mit zunehmender Komplexität und Reichweite und nennt dafür Beispiele (Rohlfes 1986/2005, S. 71 f.):

- Symbolische Begriffe: Eigennamen von Personen, Orten, Bauwerken (wenngleich es sich dabei formallogisch nicht um Begriffe handelt)
- Gegenstands- und funktionsbezogene Begriffe: Patrizier, Konsul, Kloster, Mönch, Manufaktur, Fabrik
- „Begriffe, die komplexe Funktionszusammenhänge bezeichnen": Stadt, Prinzipat, Kolonie
- „Begriffe, die Geschehenszusammenhänge bezeichnen": Investiturstreit, Wiener Kongress, Epochenbezeichnungen

- „Deutungsbegriffe zeichnen sich durch einen erheblichen Theorieanteil aus“: Feudalismus, Imperialismus, Emanzipation

Es ist leicht zu erkennen, dass diese Typen nicht völlig trennscharf sind. In vielen Fällen dürfte es deshalb schwierig sein, einen Begriff zweifelsfrei einem dieser Typen zuzuordnen: Wer den Begriff „Patrizier“ richtig verstehen will, muss genauso eine Vorstellung von der Verfasstheit des römischen Staates haben wie beim Begriff „Prinzipat“. Dennoch bietet das Modell eine gewisse Grundorientierung für den Umgang mit den Begriffen, mit denen wir es im Fach zu tun haben. Deutlich wird auf alle Fälle, dass wir es mit einem weiten Spektrum zu tun haben, welches von schlichten Benennungen bis zu Theoriebegriffen reicht, hinter denen außerordentlich komplexe Konzepte stehen. Und es wird ersichtlich, dass die klassische Beschreibung eines Begriffs als Bezeichnung einer Kategorie, die sich über relevante Merkmale definieren lässt und der man anhand dieser Merkmale Fälle zuschreiben kann, bei komplexeren Begriffen kaum zutrifft. „Geschichtsbegriffe“ sind, gemessen an diesem engen Verständnis, „unscharfe Begriffe“, „fuzzy concepts“ (Mietzel 2003, S. 200).

„Geschichtsbegriffe“ als „fuzzy concepts“

2.3 Entstehung und Wandel von Begriffen

Ein für das Fach spezifischer und zentraler Aspekt ist die zeitliche Entstehung eines Begriffs. Die Begriffe der ersten drei Typen – symbolische Begriffe, gegenstands- und funktionsbezogene Begriffe sowie Bezeichnungen von komplexen Funktionszusammenhängen – stammen vornehmlich aus jener Zeit, in der auch die Phänomene angesiedelt sind, die sie bezeichnen. Deutungsbegriffe nach Rohlfes sind zumeist in späterer Zeit entstanden oder haben sich zumindest erst dann theoretisch-konzeptionell ausgeprägt und aufgeladen.

Veränderung bezeichneter Phänomene in der Zeit

Ein weiterer Aspekt ist der zeitliche Wandel. Im Laufe der Zeit verändern sich die Objekte und Phänomene, die mit einem Begriff bezeichnet werden: „Stadt“ in der Antike, im Mittelalter, im 19. Jahrhundert ist jeweils etwas höchst Unterschiedliches, zieht man Merkmale wie Ausdehnung, Einwohnerzahl, Gestalt, rechtliche Verfassung, soziale Struktur oder Verwaltung heran. Trotz aller Varianz reichen zwar die Übereinstimmungen aus, um alle historischen Erscheinungsformen unter den Begriff „Stadt“ zu fassen; aber das bezeichnete Phänomen unterliegt doch erheblichen Veränderungen. Gerade wenn Schülerinnen und Schülern ein Begriff als Bezeichnung von Gegenwartsphänomen vertraut ist, kann ihnen das Denken historischer Varianten Probleme bereiten. Denn sie verbinden mit dem Begriff „Stadt“, um bei diesem Beispiel zu bleiben, zunächst einmal gegenwartsbezogene Vorstellungen, zum Beispiel eine moderne Gestalt von Straßen und Häusern. Für ein adäquates Verständnis muss der Begriff bewusst „umgedacht“, nämlich historisiert und mit anderen Vorstellungen gefüllt werden. Natürlich gibt es auch in anderer als zeitlicher Beziehung Differenzen zu einem Gegenwartsverständnis von Begriffen, nämlich in kultureller: Königtum in einer vorkolonialen afrikanischen Gesellschaft ist etwas anderes als in Europa; und auch Städte sahen (und sehen ggf. noch) in anderen Kulturen und Kontinenten anders aus als im deutschen oder europäischen Kulturraum.

Begriffen historisieren

Historisieren heißt im Übrigen auch, anachronistische, nämlich gegenwartsbezogene Wertungen zu vermeiden bzw. zu reflektieren. Nehmen wir den Begriff „Demokratie“ als Beispiel. Im ersten Jahr des Geschichtsunterrichts wird in allen Bundesländern obligatorisch das Thema „Demokratie in Athen“ aufgegriffen. In Schulbüchern wird diese, von heutigen Verhältnissen ausgehend, häufig als gleichsam defizitär beschrieben: Zwar hatten die männlichen Bürger weitreichende politische Partizipationsmöglichkeiten; aber Frauen, Metöken und Sklaven waren demgegenüber benachteiligt. „Wie ungerecht“ – zu diesem moralischen Urteil werden Schülerinnen und Schüler geradezu animiert. Damit wird freilich die Einsicht konterkariert, dass es sich bei dieser Art politischer Partizipation um eine geradezu sensationelle Neuerung in der Menschheitsgeschichte handelt, die es zunächst einmal gebührend zu würdigen gilt. Ein reflektiertes Werturteil würde hier nicht darin bestehen, die damaligen Verhältnisse kritisch an heutigen menschenrechtlichen oder gesellschaftspolitischen Maßstäben zu messen, sondern ein

Verständnis dafür zu entwickeln, dass damals eben noch nicht gedacht wurde, was wir heute – auf der Grundlage eines langen historischen Prozesses – selbstverständlich denken. Etwas besser gelingt dies beim Begriff „familia", bei dem die Beschreibung von historischer Andersartigkeit zwar auch, aber weniger stark mit gegenwartsbezogenen menschenrechtlichen, gesellschaftspolitischen und moralischen Implikationen verquickt wird. Natürlich gibt es bei allen Varianten des Begriffsverständnisses auch einen gemeinsamen Kern, den es gleichfalls herauszustellen gilt.

Projektion moderner Begriffe

Anachronistisch ist es auch, moderne Begriffe auf historische Verhältnisse zu projizieren, auf die sie eigentlich nicht passen. So warnt – um im Feld der Antike zu bleiben – Ernst Baltrusch im Kontext fachwissenschaftlicher Forschung davor, später entstandene völkerrechtliche Begriffe umstandslos auf die damalige griechische Welt zu übertragen: „Das griechische Wort für ‚Krieg' ist *Polemos*, für ‚Frieden' sowohl als juristische Vertragsform wie als Zustand der Abwesenheit von Krieg ist es *Eirene*, und ebenso können moderne völkerrechtliche Begriffe wie ‚Vertrag' (*Synthekai*, *Spondai*), ‚Bündnis' (*Symmachie*), ‚Waffenstillstand' (*Spondai*, *Anoche*, *Ekecheiria*) leicht übertragen werden. Andere moderne Begriffe können nicht übertragen werden. So gibt es ebenso wenig eine Entsprechung zu unserem ‚Staatsbegriff' wie zu ‚Völkerrecht' oder zu ‚Internationalen Beziehungen'; selbst der Begriff ‚Außenpolitik', der eng mit der Entstehung des Staates in der Frühen Neuzeit verbunden ist, kann nicht ohne Abstriche ins Griechische übertragen werden. Auf die Verwendung von Begriffen wie ‚Staat', ‚Außenpolitik' oder ‚Völkerrecht' muss deshalb nicht gänzlich verzichtet werden, aber es ist doch darauf zu achten, irreführende Inhalte zu vermeiden, die moderne Begriffe mit sich tragen, und also nicht antike Verhältnisse durch gedankenlose Übertragung neuzeitlicher Konzeptionen zu verfälschen." (Baltrusch 2019, S. 238)

Begriffswandel und Begriffsgeschichte

Begriffswandel und historische Begriffsnutzung sind das Forschungsfeld der Begriffsgeschichte: Sie macht gewissermaßen aus dem Problem, dass historische Begriffe schwer zu fassen, fluide oder „fuzzy" sind, die Tugend, sie als historische

Quellen für begriffsgebundene oder, weiter gefasst, sprachgebundene zeitspezifische Sinnbildung im gesellschaftlichen Diskurs zu analysieren (vgl. Brunner/Conze/Koselleck 1972–1997, knapp Koselleck 2002, aktuell Pernau 2018). Tendenzen eines in der neueren Zeit verstärkt einsetzenden Begriffswandels skizziert Jens Flemming: „Der Weg in die Moderne, die sich um die Mitte des 18. Jhs. abzuzeichnen beginnt, wird begleitet durch einen dynamischen Wandel der Lebensweisen und Existenzbedingungen. Entsprechend rasch wandeln sich auch die Begriffe und deren Inhalte, in denen diese Phänomene und die darin wurzelnden Erfahrungen ihren Niederschlag finden. ‚Demokratie' und ‚Republik' z.B. sind als Wörter zwar von früher geläufig, aber die Assoziationen, die sie auslösen, und die Perspektiven, die in ihnen schlummern, entfernen sich zunehmend von den Definitionen, auf die man sich bis dahin, beeinflußt durch die maßgebenden antiken Schriftsteller, berufen hat. [...] Ältere Bedeutungen werden aufgesprengt, verblassen oder passen sich an, werden überlagert und verdrängt durch neue. Häufig sind sie eingebunden in bestimmte Milieus, drücken Gefühle [...], Bedürfnisse, Hoffnungen und Erwartungen aus." (Flemming 1994, S. 97)

Aushandeln von Wertungen

Es verändern sich also nicht nur die bezeichneten Phänomene im Laufe der Zeit, sondern auch die mit Begriffen verbundenen Konnotationen, Wertungen und Emotionen. Sie werden im gesellschaftlichen Diskurs immer wieder neu ausgehandelt. Der Begriff „Heimat" etwa war in Deutschland lange Zeit selbstverständlich positiv aufgeladen, seit den 1970er-Jahren wurde er dann allmählich kritisch gesehen, heute erlebt er eine Renaissance. Es versteht sich von selbst, dass solche Konnotationen auch unter zeitgleichen Begriffsnutzern je nach von Standpunkt und Perspektive unterschiedlich ausfallen können, etwa bei zentralen politischen Begriffen wie „Nation" oder „Patriotismus" (vgl. Flümann 2017). Ein tiefgreifender Veränderungsprozess hat sich bei Begriffen vollzogen, die in den Kontext von Diversität und Kulturalität gehören. Die Verwendung von Bezeichnungen wie „Neger", „Zigeuner", „Kanake" oder „Krüppel" gilt heute als diskriminierend, ebenso stereotype Zuschreibungen vermeintlicher „Volks-“ oder „Rassemerkmale“ in Wendungen wie „polnische Wirtschaft“ oder „jüdischer Geiz“. Im Sinne eines reflektierten Umgangs mit Begriffen sollte es allerdings nicht ausreichen, die Nutzung solcher Bezeichnungen einfach nur zu unterbinden; weitaus sinnvoller und lehrreicher ist es, den historischen Kontext zu rekonstruieren, aus dem sie stammen, und ihre Nutzungsgeschichte exemplarisch zu analysieren (vgl. Kapitel 5.4 mit dem Begriff „Hottentotten“).

3. Begriffe im Geschichtsunterricht

3.1 Herausforderungen

Worin liegen die besonderen Herausforderungen des Begriffslernens im Fach Geschichte? Die Geschichtsdidaktik hat sich mit diesem schwierigen Feld bislang nur punktuell beschäftigt. Das Diktum von Bettina Alavi aus dem Jahre 2004 hat alles in allem wohl noch heute Berechtigung: „Begriffsbildung im Geschichtsunterricht ist ein in der Geschichtsdidaktik lange vernachlässigtes und deshalb empirisch und theoretisch kaum erfasstes Gebiet." (Alavi 2004, S. 39) Ein grundlegender Aufsatz zum Thema stammt von Martina Langer-Plän und Helmut Beilner. Sie stellen u.a. eine Verbindung mit dem Konzept des „conceptual change" her: „Historische Begriffe lassen sich nur sehr schwer klassifizieren, in Systeme einordnen, in denen sie dann ähnliche Seinsbereiche oder bestimmte Ebenen verschiedener Abstraktionsniveaus repräsentieren. Der Umfang ihrer semantischen Felder reicht von fast nur punktuellen Bedeutungen (Schwertleite) bis hin zu Welt umfassenden und Zeiten begleitenden Phänomenen (Macht, Reich), die allerdings wiederum nur durch verschiedene punktuelle Konkretionen gefüllt werden können. Sie lassen sich nicht in Definitionen fassen, sondern nur in immer neuen Schwerpunktsetzungen und von unzähligen Perspektiven aus anvisieren und über narrative Annäherungen ‚begreifen'. Diese Annäherungen entsprechen durchaus dem vom Konstruktivismus angenommenen Wissensaufbau und -umbau. ‚Conceptual change' ist deshalb dem Umgang mit und der Verwendung von historischen Begriffen immanent." (Langer-Plän/Beilner 2006, S. 223)

Begriffslernen und „conceptual change"

Die Theorie des „conceptual change" spielt besonders in den Naturwissenschaftsdidaktiken eine wichtige Rolle. Sie

Präkonzepte von Schülerinnen und Schülern

geht davon aus, dass Schülerinnen und Schüler vorab immer schon über alltagsweltlich erworbene Vorstellungen – sogenannte Präkonzepte – zu Unterrichtsgegenständen verfügen. Im Vergleich zu wissenschaftlichen Konzepten sind diese oftmals unterkomplex oder gar regelrecht falsch. Unterricht muss deshalb diese Schülervorstellungen zunächst diagnostizieren und dann ihre Veränderung anstreben: durch einen Austausch vorhandener Konzepte („conceptual change") oder in schwächerer Form durch deren Anreicherung („conceptual enrichment") (vgl. für die Geschichtsdidaktik Günther-Arndt 2006).

Alavi macht dies an einem Beispiel deutlich: „Die Schüler/innen bringen zudem bereits Vorstellungen von historischen Begriffen in den Geschichtsunterricht mit. Diese sind außerhalb der Schule erworben, beispielsweise durch Filme, durch Comics, durch Computerspiele. Zum historischen Begriff ‚Ritter' bestehen häufig schon im Grundschulalter besonders bei Jungen außerschulisch geprägte Begriffsvorstellungen. Diese fließen in den Unterricht mit ein, auf sie muss die Lehrperson eingehen, was insbesondere dann schwierig sein kann, wenn die bereits vorhandene Begriffsfüllung historische Stereotypen und Unstimmigkeiten aufweist." (Alavi 2004, S. 43) Derartige Vorkenntnisse und Vorstellungen von Schülern werden sich bei dem Beispiel „Ritter" gewiss eher auf den Aspekt von Kampf, Bewaffnung und Leben auf der Burg beziehen, weniger dagegen auf grundsätzliche Einsichten zu mittelalterlichen Sozial- und Herrschaftsstrukturen. Für den Unterricht kann es sehr ertragreich sein, solche Präkonzepte (zum Beispiel mit Mindmaps) vorab zu erheben. Das vermittelt nicht nur der Lehrkraft ein Bild von der Lernausgangslage der Schülerinnen und Schüler; diese können im Nachhinein auch selbst erkennen, welche ergänzenden Aspekte, neuen Akzentuierungen oder vielleicht auch Korrekturen sich im Laufe des Unterrichts ergeben haben.

Unterschiedliche Bezugsrahmen bei Lehrkräften und Schülerinnen/Schülern

Ebenfalls im Zusammenhang konzeptioneller Dispositionen weist Alavi weiterführend darauf hin, dass sich Begriffskontexte von Schülerinnen und Schülern auf der einen und Lehrkräften auf der anderen Seite so grundsätzlich unterscheiden können, dass dies zu einer „Rahmungsdifferenz" führt. Die Rahmung der Begriffsbildung und des Begriffsgebrauchs bei Lehrkräften stammt aus dem fachwissenschaftlichen und/oder fachdidaktischen Bereich, die der Schülerinnen und Schüler aus Alltagszusammenhängen oder aus einem reduzierteren Vorwissen (Alavi 2004, S. 44 f.). So dürfte es Schülerinnen und Schülern, denen beim Thema „Ritter" die Comicfigur „Eisenherz" vor Augen steht, schwerfallen, sich dem Alltag ritterlichen Lebens anzunähern oder sich mit dem Konstrukt „Lehnswesen" zu befassen.

Präzision und Offenheit von Begriffsbestimmungen

Rohlfes schließlich spricht eine besondere Schwierigkeit an, mit der zugleich auch methodische Implikationen verbunden sind. Er betont, „daß historische Begriffe sozusagen doppelsinnig und gegenläufig gelernt werden müssen: auf der einen Seite sind möglichst harte und präzise Begriffsbestimmungen erwünscht, auf der anderen sollen Begriffe flexibel und für Modifikationen offen gehalten werden. Paradox ausgedrückt: Historische Begriffe sollen zugleich fest und flüssig sein. Der Begriff ‚Sozialismus' zum Beispiel muß durch eine Kerndefinition verankert werden (etwa: Vorrang des Gemeinwohls vor dem Privatnutzen), ohne daß dadurch die Vielfalt oder sogar die Widersprüchlichkeit seiner historischen Erscheinungsformen ausgeblendet wird." (Rohlfes 1997, S. 470 f.)

3.2 Empirische Befunde

Inwieweit lassen sich die vorgestellten konzeptionellen Fragen und Überlegungen empirisch untermauern? Veröffentlichte empirische Befunde zum Begriffsverstehen von Schülerinnen und Schülern liegen kaum vor. Speziell mit dem Thema befasst hat sich lediglich die schon erwähnte Studie von Langer-Plän und Beilner. Sie haben bei Schülerinnen und Schülern aus 6., 8. und 10. Klassen des Gymnasiums und der Realschule, aus 9. Klassen der Hauptschule sowie bei Studierenden das Verständnis von Begriffen anhand von schriftlichen Definitionen und Interviews erhoben. Wenngleich ihre Befunde nicht repräsentativ sind, belegen und unterstreichen sie bereits angedeutete Probleme: „Damit zeigte sich, dass ein erheblicher Teil der Schüler die Begriffe mit gegenwarts- und alltagsbezogenen Vorstellungskomplexen und damit mit falschen bzw. schiefen Inhalten füllte. Dass hier erhebliche Probleme zum einen für das Verständnis von Darstellungen zu einer konkreten historischen Situation, aber auch prinzipiell für das historische Fremdverstehen liegen, ist evident. Diese Problematik tritt vor allem bei Begriffen auf, die gerade auch im alltäglichen Leben oder in Bezug auf tagespolitische Geschehen eine Bedeutung haben." (Langer-Plän/Beilner 2006, S. 236) Insgesamt erweise sich die zentrale Bedeutung, die das Begriffsverständnis für das allgemeine Textverständnis hat: „Zentrale Begriffe mussten von den Schülern im weitesten Sinne erläutert und zum Teil in eine Beziehung zu anderen Begriffen aus dem Text und dem im Unterricht behandelten historischen Kontextwissen gesetzt werden. Zum einen wurde sichtbar, dass Schüler, die in der Lage waren, diese Begriffe mit Vorwissen zum Text zu füllen, auch den Inhalt und den Sinnzusammenhang erfassen konnten. Umgekehrt waren Schüler, die zu den Begriffen keine Erläuterungen geben konnten, auch nicht oder nur sehr rudimentär in der Lage, die Texte zu verstehen." (Langer-Plän/Beilner 2006, S. 231).

Begriffsverständnis und Textverständnis

In ihrer unveröffentlichten Masterarbeit an der Universität Göttingen hat Bonnie Pülm exemplarisch untersucht, wie Schülerinnen und Schüler vorgegebene Lernbegriffe nach Abschluss des 10. Schuljahres verstehen (Pülm 2013). 60 Schülerinnen und Schüler aus zwei Geschichtskursen der Jahrgangsstufe 11 wurden im Hinblick auf das Verständnis von fünf ausgewählten Deutungsbegriffen befragt, die im damals gültigen Curriculum für die Sekundarstufe I als Lernbegriffe ausgewiesen waren (Kerncurriculum Geschichte für das Gymnasium Niedersachsen, Schuljahrgänge 5–10, Hannover 2008): „Monarchie", „Nationalismus", „Imperialismus", „Totalitarismus", „Revolution". Die Schülerinnen und Schüler sollten diese Begriffe zunächst in einem offenen Aufgabenformat schriftlich definieren, sodann an einem historischen Beispiel erklären und schließlich im Hinblick auf ihre Verwendung und ihren Erkenntnisnutzen reflektieren.

Verständnis komplexer Begriffe

Nicht überprüft wurde, ob und in welcher Art und Weise die Begriffe im Geschichtsunterricht zuvor jeweils behandelt worden waren, welche einschlägigen Lerngelegenheiten die Schülerinnen und Schüler also hatten. Sicherlich sind unterschiedliche Lerngelegenheiten ein wichtiger Faktor bei der großen Varianz, die sich in der Studie bei der Ausführlichkeit und Qualität der Antworten ergab. Die Begriffe „Monarchie“ und „Revolution“ wurden mit Abstand am besten erfasst, bei weitem die größten Schwierigkeiten bereitete der Begriff „Totalitarismus“. Die Antworten auf die Definitionsfrage fielen deutlich besser aus als die Erklärung an historischen Beispielen, die dritte Stufe der Reflexion wurde kaum realisiert. Auch dies unterstreicht – zumindest im Hinblick auf den untersuchten komplexen Begriffstyp – die Probleme, die bei einem anspruchsvolleren Umgang mit Begriffen auftreten.

Beispiel „Diktatur“

Wie schwierig, aber auch wie notwendig ein differenzierter und reflektierter Umgang mit Begriffen ist, zeigt auch die Debatte um die Frage, ob Schülerinnen und Schüler in der Lage sind, den Charakter der SED-Herrschaft in der DDR adäquat einzuschätzen. Klaus Schroeder u.a. haben dazu 2012 gravierende Defizite konstatiert, weil Schülerinnen und Schüler in ihrer empirischen Studie die DDR nicht klar genug als Diktatur gekennzeichnet hätten (Schroeder u.a. 2012). Daraus haben sie die Forderung abgeleitet, der Geschichtsunterricht müsse mehr Faktenwissen über die DDR vermitteln und zu einer eindeutigeren Urteilsbildung führen. Eine neuere empirische Studie von Kathrin Klausmeier betont dagegen, der Begriff „Diktatur“ sei für Schülerinnen und Schüler gewissermaßen besetzt durch den Nationalsozialismus. Weil zentrale Merkmale, die sich für sie mit diesem verbinden – so etwa der Massenmord des Holocaust –, auf die DDR nicht zutreffen, falle es ihnen schwer, beide mit demselben Begriff zu belegen (Klausmeier 2017). Notwendig wäre demnach nicht mehr Faktenwissen, sondern eine klarere Herausarbeitung von Kriterien für einen präzisen Begriffsgebrauch.

3.3 Curriculare Vorgaben

In den bundesdeutschen Geschichtscurricula wird der Umgang mit Begriffen zumeist nur sehr allgemein angesprochen. Hervorgehoben wird ihre Bedeutung für das Verständnis historischer Phänomene und Strukturen, deshalb müssten Schülerinnen und Schüler mit ihnen angemessen umgehen können. Die Kompetenzen, die Schülerinnen und Schüler dabei erwerben sollen, werden bei weitem am detailliertesten im niedersächsischen Kerncurriculum für das Gymnasium in der Sekundarstufe I beschrieben. Sie sind dort verankert im Rahmen der Sachkompetenz, zu deren Kategorien auch „Fachbegriffe" zählen. Für den Umgang mit ihnen wird eine dreistufige, an Doppeljahrgängen ausgerichtete Progression beschrieben:

Begriffskompetenzen im niedersächsischen Curriculum

Klasse 5/6: „Die Schülerinnen und Schüler [...] wenden erlernte Fachbegriffe korrekt auf den historischen Einzelfall an";

Klasse 7/8: „Die Schülerinnen und Schüler [...] vergleichen, vernetzen und hierarchisieren neu erlernte Fachbegriffe mit bekannten";

In Klasse 9/10: „Die Schülerinnen und Schüler [...] wenden Fachbegriffe eigenständig im Rahmen der Erschließung von Vergangenheit und Gegenwart an".

Kerncurriculum Geschichte für das Gymnasium Niedersachsen, Schuljahrgänge 5–10, Hannover 2015, S. 13; das entsprechende Hamburger Curriculum beschreibt ebenfalls eine Progression, jedoch nicht bezogen auf die Operationen der Schülerinnen und Schüler, sondern auf zunehmend komplexere Begriffstypen – Bildungsplan Gymnasium Sekundarstufe I Geschichte, Hamburg 2011, S. 22

Auch im Bereich Fachwissen hebt das Curriculum die Bedeutung von Begriffsarbeit noch einmal ausdrücklich hervor: „Im Zuge des chronologischen Durchgangs sind zentrale Begriffe und Daten nachhaltig und anwendungsorientiert zu vermitteln. Deren Auswahl erfolgt auch vor dem Hintergrund von Überlegungen zur Relevanz innerhalb der heutigen Geschichtskultur." (S. 17) Besonders bemerkenswert ist der explizite Hinweis auf die Diskussion und Problematisierung einzelner im Curriculum angeführter Begriffe: „Ver-

Problematisierung von Begriffen

bindliche Begriffe, die in Anführungszeichen stehen, sind als solche im Hinblick auf ihren Bedeutungsgehalt zu problematisieren." (S. 17) Das bezieht sich auf unterschiedliche Arten von Begriffen: auf Deutungsbegriffe („Absolutismus" und „Reichsgründung von oben", bezogen auf das Kaiserreich 1871–1918), auf propagandistische zeitgenössische Begriffe („Volksgemeinschaft" und „Gleichschaltung"), aber auch auf Begriffe, die gewissermaßen als Chiffre für bestimmte historische Phänomene stehen („Wirtschaftswunder" und „1968") (S. 21 f.).

Beschreibung von Progression

Wie dies freilich umgesetzt werden kann und soll, wird auch in Niedersachsen nicht weiter ausgeführt: Lassen sich die drei beschriebenen Stufen überhaupt so klar voneinander trennen? Wie könnte die jeweils neue Kompetenzstufe erreicht werden? Was bedeutet eigentlich „Erschließung von Vergangenheit und Gegenwart"? Für eine genaue Beschreibung von Kompetenzprogression müssten solche Fragen eigentlich beantwortet werden. Allerdings stellt dies wohl einen Anspruch dar, der die Textsorte „Curriculum" überfordert; und schließlich gibt es in der gesamten geschichtsdidaktischen Kompetenzdiskussion nur äußerst selten derartige Konkretisierungen und Operationalisierungen. Alles in allem bleibt das niedersächsische Curriculum mit seiner Genauigkeit eine rühmliche Ausnahme.

Lernbegriffe in Curricula

Mit der Vorgabe explizit zu lernender Begriffe verhält es sich in den Ländercurricula sehr unterschiedlich. In den meisten Curricula werden verhältnismäßig wenige Begriffe genannt. Vielfach bleibt auch unklar, ob genannte Begriffe tatsächlich als verbindliche Lernbegriffe zu verstehen sind oder ob sie lediglich das thematische Pensum stichwortartig beschreiben sollen. Die meisten Begriffsnennungen finden sich in den baden-württembergischen Curricula für die Sekundarstufe I. Über alle Jahrgänge hinweg werden dort sowohl für das Gymnasium wie für die nichtgymnasialen Schulformen jeweils fast 500 Begriffe aufgeführt (bisweilen mit Über- und Unterordnungen und Wiederholungen) (Bildungsplan Geschichte Gymnasium Baden-Württemberg, Stuttgart 2016, S. 17–35, zusammengefasst S. 56–60; Gemeinsamer Bildungsplan Geschichte Baden-Württemberg, Stuttgart 2016, S. 16–41, zusammengefasst S. 49–52). Mit weitem Abstand folgt Bayern, das im gymnasialen Curriculum etwa 100 Begriffe nennt (LehrplanPLUS Geschichte Gymnasium Bayern, München 2018, o.S.); Niedersachsen kommt beim Gymnasium immerhin noch auf 65 Nennungen. In der didaktischen Literatur finden sich im Übrigen so gut wie nie einschlägige Hinweise; eine Ausnahme ist die umfangreiche Zusammenstellung von ca. 750 Begriffen in einem 1969 erschienenen „Handbuch des Geschichtsunterrichts", die folgendermaßen kommentiert wird: „Die nachstehenden Listen enthalten einen ersten Versuch, den Wortschatz des Geschichtsunterrichts einzugrenzen und zu ordnen. [...] Die Aufteilung des Wortschatzes auf Stufen und Klassen muß dem Lehrer vorbehalten werden." (Krieger 1969, S. 439)

Auswahl und Begründung von Lernbegriffen

Wie gelangt man überhaupt zu einer Auswahl von Lernbegriffen, was sind die Kriterien dafür? Dass zu solchen Lernbegriffen der Terminus „Holocaust" gehören sollte, darüber dürfte sich unter Lehrkräften schnell Einigkeit herstellen lassen. Wie aber steht es mit Begriffen wie „villa rustica", „pax mongolica", „pax universalis", „Radikalnationalismus", „front populaire", „6 février" oder „Zheng He-Expedition" (alle Bildungsplan Baden-Württemberg)? Zieht man als Beispiel die niedersächsische (mittelgroße) Zusammenstellung von Lernbegriffen heran und befragt sie daraufhin, welche der dort genannten Begriffe einen Kernbestand ausmachen und welche eher entbehrlich sein könnten, merkt man schnell, wie schwierig die Entscheidung im Einzelfall ist.

Begriffe Kerncurriculum Sekundarstufe I Niedersachsen

(zu problematisierende Begriffe in Anführungszeichen)

Jäger und Sammler	Industrielle Revolution
„neolithische Revolution"	Kapitalismus
Schrift	Soziale Frage
Buchdruck	Klassengesellschaft
Familia	Landesausbau

Klientelwesen	Raubbau vs. Nachhaltigkeit
Sklaven	Sozialdarwinismus
res publica	Verdun
Senat	Russische Revolution(en)
Aristokratie	Kommunismus
Prinzipat	Terror
Expansion	Versailler Vertrag
Romanisierung	Inflation
Christentum	Weltwirtschaftskrise
Königtum	Rassenideologie
Lehnswesen (Treueverhältnis)	Antisemitismus
Grundherrschaft	Führermythos
Stand	„Volksgemeinschaft"
„ora et labora"	„Ermächtigungsgesetz"
Stadtrecht	„Gleichschaltung"
Konfessionen	Konzentrationslager
Antike	Novemberpogrome 1938
Mittelalter	Vernichtungskrieg
Neuzeit	Holocaust
Dreißigjähriger Krieg	Flucht und Vertreibung
Verwaltung	Hiroshima
„Absolutismus"	Kalter Krieg
Gottesgnadentum	Bundesrepublik
Aufklärung	DDR
Menschen- und Bürgerrechte	„Wirtschaftswunder"
parlamentarische/konstitutionelle Monarchie	„1968"
Nation	Wiedervereinigung 1990
„Reichsgründung von oben"	

Kerncurriculum Geschichte für das Gymnasium Niedersachsen, Schuljahrgänge 5–10, Hannover 2015, S. 20–22

Am ehesten verzichten könnte man vielleicht auf alltägliche bzw. nicht unbedingt fachspezifische Begriffe wie „Schrift", „Buchdruck", „Verwaltung" oder „Raubbau vs. Nachhaltigkeit". Ordnet man die angeführten Begriffe einzelnen Epochen zu, dann wird deutlich, dass es sich im Grunde jeweils um eine recht überschaubare Anzahl handelt, bei der man sich mit weiteren Streichungen eher schwer tut. Verbunden mit der Auswahlproblematik stellt sich hier erneut die zu Beginn des Kapitels schon angesprochene Frage nach dem Umgang mit den Lernbegriffen: Wie intensiv soll eigentlich mit ihnen gearbeitet werden, wie genau sollen sie durchdrungen und wie nachhaltig sollen und können sie gelernt werden? Soll und kann tatsächlich ein kumulatives Lernen über den gesamten chronologischen Durchgang der Sekundarstufe I hinweg stattfinden? Nähme man den damit verbundenen Anspruch ernst, dann müsste man zum Abschluss der Sekundarstufe I die Beherrschung aller aufgeführten Begriffe verlangen. Bei Größenordnungen wie in Baden-Württemberg und Bayern dürfte das nicht zu leisten sein. Genauer zu diskutieren wäre deshalb sicherlich die Frage, wie man ggf. – ähnlich wie auch bei Lernzahlen (Sauer 2008) – eine sinnvolle Differenzierung vornehmen könnte: Was sind Begriffe, die für das Verständnis zentraler historischer Phänomene und Prozesse unentbehrlich sind und langfristig gelernt und beherrscht werden sollten? Gibt es Begriffe, über die Schülerinnen und Schüler verfügen sollten, um am öffentlichen politischen Diskurs teilhaben oder geschichtskulturellen Phänomenen angemessen begegnen zu können („Demokratie"/„Diktatur", „Antisemitismus")? Und wo handelt es sich um Arbeitsbegriffe, die im Kontext eines einzelnen Themas wichtig sind, aber nicht dauerhaft verfügbar sein müssen? Die Entscheidung darüber dürfte allerdings wiederum außerordentlich schwerfallen – sie könnte in der Fachkonferenz, aber durchaus auch einmal exemplarisch mit Schülerinnen und Schülern der Oberstufe diskutiert werden.

Lern- und Arbeitsbegriffe

4. Begriffsarbeit im Geschichtsunterricht

4.1 Konzepte von Begriffsarbeit

Was bedeutet eigentlich die Forderung, Schülerinnen und Schüler sollten, wie es in Kompetenzmodellen und Curricula heißt, Begriffe „beherrschen", „kennen", mit ihnen „adäquat umgehen" können? Zumindest bei komplexeren Begriffen muss man hier sicherlich – wie im niedersächsischen Kerncurriculum angedeutet – verschiedene Kompetenzausprägungen unterscheiden, die von einer Art lexikalischem Verständnis der Wortbedeutung bis hin zu einer Verortung in einem weiteren semantischen Feld reichen. Eine solche „Beherrschung" von Begriffen setzt Begriffslernen voraus. Wie aber funktioniert Begriffslernen? Welche Operationen gehören dazu? Und wie lässt es sich im Unterricht konzipieren und unterstützen? Pädagogische Psychologie, Kognitionspsychologie und Lernpsychologie bieten dazu, zieht man die obligatorischen Nachschlagewerke zu Rate, wenig konkrete Hilfestellung. Sie offerieren eher theoretische Konzepte oder allenfalls sehr allgemeine Regeln, und mit ihren Beispielen beziehen sie sich – wie schon erwähnt – auf andere Fächer. Ein notwendiger Weise allgemeines und außerordentlich elaboriertes Modell mit unterschiedlichen Phasen (oder besser Operationen) bietet Jürgen Grzesik an:

Ein psychologisch-pädagogisches Modell

I. Worterklärung

- Kenntnis des vorgegebenen Begriffsnamens
- Einsicht in eine vom Kontext bestimmte Komponente des Begriffsinhalts
- Einsicht in die Struktur eines Begriffsinhalts
- Stabilisierung eines bekannten Begriffs
- Behebung einer Verständnisstörung
- Ausgleich unterschiedlicher Schülervoraussetzungen

II. Behandlung eines falschen Begriffsgebrauchs

- Kenntnis des richtigen Begriffsnamens
- Kenntnis einer richtigen und hinreichend genauen Definition
- Kenntnis eines richtigen Beispiels
- Kenntnis richtiger Beziehungen zu anderen Begriffen
- Fähigkeiten zur reflexiven Kontrolle des richtigen Gebrauchs eines Begriffes
- sachliche Einstellung zur sorgfältigen Korrektur des eigenen und fremden Begriffsgebrauchs
- erhöhte Anwendungsgenauigkeit und -sicherheit beim Gebrauchen von Begriffen

III. Aufbau einer Begriffsdefinition

- Verfügung über ein Begriffsschema
- Beweglichkeit des Durchlaufens dieses Schemas (operative Disponibilität)
- Fähigkeiten zur Herauslösung einzelner Momente und Relationen aus dem Begriffsschema (Dekomponierbarkeit)
- Fähigkeiten zur Herstellung von Beziehungen zu anderen Begriffen (Integrationsfähigkeit)
- Versprachlichung: Bindung eines Begriffs an einen Begriffsnamen und Gebrauch synonymer sprachlicher Mittel für die Darstellung des Begriffsinhalts
- Fähigkeiten zur Transponierung in ein anderes Medium

IV. Bildung eines Begriffs durch die Verarbeitung von mehreren Fällen

- Erwerb einer Begriffsdisposition
- Evidenzerfahrung durch Unmittelbarkeit der Anschauung der kritischen Merkmale an Fällen
- Fähigkeit zum autonomen und expliziten Vollzug von Diskrimination, Vergleich und Generalisierung
- Fähigkeit zur Spezifizierung der Begriffe in einer Aufgabe bis zu ihrer Anwendbarkeit auf Fälle
- Kenntnis der sprachlichen Benennung der kritischen Merkmale
- Fähigkeit, neu auftretende (auch ungewöhnliche) Fälle eines Begriffs zu identifizieren
- Fähigkeit, selbständig mithilfe eines Begriffes Erfahrungen machen und urteilen zu können

V. Integration eines neu erworbenen Begriffs in Begriffszusammenhänge

- Kenntnis von Beziehungen zwischen Begriffen
- Kenntnis eines Zusammenhangs aus mehreren Begriffen (vielfältige Vernetzung, Teiltheorien)
- Fähigkeit zum systematischen Begriffsvergleich
- Fähigkeit zum beweglichen Umgang mit Begriffsinhalten
- Fähigkeit zur schriftlichen Darstellung vielfältiger begrifflicher Zusammenhänge

VI. Transponierung eines Begriffs in ein anderes Medium

- Fähigkeit zur Darstellung des Begriffs in einem noch nicht verwendeten Medium
- Fähigkeit zum flexiblen Einsatz unterschiedlicher Darstellungsmittel
- Unabhängigkeit vom Vergessen eines sinnlichen Trägers
- Probe auf das Verständnis eines Begriffsinhalts
- Fähigkeit, die Leistungsfähigkeit von Darstellungsmitteln zu beurteilen

VII. Anwenden eines Begriffs auf neue Fälle und in neuen Begriffszusammenhängen

- Stabilisierung eines Begriffs
- Bewährung der Gebrauchsfähigkeit eines Begriffs für verschiedene Zwecke
- Erhöhung der Gebrauchsfähigkeit eines Begriffs (je nach Art der Inanspruchnahme und der Modifikationen in neuen Verwendungszusammenhängen).

VIII. Erlernen von Fähigkeiten zum selbstständigen Begriffslernen

- Fähigkeit, bei der Reflexion auf begriffsbildende Operationen die Form des Vollzugs von den Inhalten zu unterscheiden
- Fähigkeit der Anwendung von begriffsbildenden Operationen auf Operationen
- Kenntnis von begriffsbildenden Operationen
- Kenntnis einer Reflexionssprache
- Fähigkeit zur taktischen Anwendung des heuristischen Wissens über begriffsbildende Operationen
- Fähigkeit zur Verbindung von Taktiken zu Strategien des Begriffslernens

IX. **Integration von Fallanalyse und systematische Erarbeitung der Inhaltsstruktur mehrerer Begriffe**

- Kenntnis eines geklärten Begriffszusammenhangs mit Evidenz an einem Beispiel
- ansonsten siehe Effekte zu Phase III und IV

X. **Begriffslernen aus Texten**

- Stabile Einstellungen mit höchster geistiger Konzentration zu lesen
- Fähigkeit, Unzulänglichkeiten bei der Recodierung von Wort- und Satzsinn zu erkennen und möglichst aus eigener Kraft zu erschließen
- Fähigkeit zur Erschließung impliziert begrifflicher Informationen durch den bewußten Einsatz von Begriffen zur Identifizierung, Klassifikation und Beurteilung der dem Text bereits zugeschriebenen Begriffe
- Fähigkeit zur Herstellung der für den jeweiligen Lesezweck erforderlichen Beziehungen zu anderen Begriffen
- Fähigkeit zum bewußten Einsatz von Methoden für die konstruktive Begriffsarbeit und zur Kontrolle ihrer Ergebnisse
- Reflexives Wissen vom Text als einem Medium für die Tradierung von Begriffswissen
- Fähigkeit zur Wahl der für die bestimmte Leseabsicht und einem bestimmten Text geeigneten und am besten beherrschten Techniken.

Grzesik 1988, S. 205–207

Dieses Modell macht zwar die Komplexität des Prozesses deutlich, für unterrichtliche Vermittlungssituationen lassen sich daraus allerdings – allein schon aus zeitökonomischen Gesichtspunkten – kaum Handlungsstrategien ableiten.

Begriffsarbeit in der Geschichtsmethodik der DDR

Welche Überlegungen gibt es, die sich unmittelbar auf das Fach Geschichte beziehen? Interessanterweise hat Begriffsarbeit in der Geschichtsmethodik der DDR schon früh eine große Aufmerksamkeit gefunden. So stellt Bernhard Stohr in seiner „Methodik“, die die maßgebliche konzeptionelle Grundlage für den dortigen Geschichtsunterricht bildete, ein sehr differenziertes Strukturschema zur Begriffsbildung vor (Stohr 1968, S. 164–174, hier S. 170–173). Es führt von „vorbereitenden Maßnahmen“ über die „Bildung von Allgemeinbegriffen“ zur „Festigung und Vertiefung“. Am Beispiel des Begriffs „Ausbeutung“ diskutiert er, wie eine analytische Definition für Schülerinnen und Schüler einer 8. Klasse zunächst zu erläutern und dann im Hinblick auf die Stufen der gesellschaftlichen Entwicklung, wie sie der Historische Materialismus beschreibt, zu konkretisieren wäre. Er bezieht sich dabei unter anderem auf eine kleine Schrift von Friedrich Donath, die sich speziell mit dem Thema „Begriffsbildung im Geschichtsunterricht“ befasst (Donath 1962). Donath unterscheidet sechs „Stufen der Bildung historischer Prozesse:

1. Die Vorstellungsbildung;
2. Die Bestimmung der Hauptmerkmale des Begriffs;
3. Die Definition;
4. Die Erweiterung des Begriffsinhalts;
5. Die Verallgemeinerung höherer Ordnung;
6. Die Ableitung von Begriffen niederen Verallgemeinerungsgrades aus Allgemeinbegriffen höherer Ordnung.

Ein Grund für diese intensive Befassung mit Begriffsarbeit dürfte darin liegen, dass für die angestrebte Vermittlung eines geschlossenen Weltbildes Begriffe in der Tat zentrale „Bausteine“ bilden, deren erwünschtes Verständnis und deren einheitlichen Gebrauch der Unterricht gewährleisten soll. So wirken denn auch beide Konzepte insbesondere durch den engen Bezug auf das Schema der Gesellschaftsformationen des Historischen Materialismus mechanistisch. Gleichwohl sind diese Veröffentlichungen auf jeden Fall problembewusster als ältere Publikationen bundesdeutscher Provenienz. Und es mangelt auch keineswegs an durchaus beherzigenswerten Praxisratschlägen für eine intensive und präzise Begriffsarbeit: „Konsequent und geduldig muß der Geschichtslehrer deshalb immer wieder die Schüler veranlassen, Allgemeinbegriffe durch Beispiele zu konkretisieren. Wenn der Begriff bürgerliche Grundrechte erwähnt wird, dringt der Lehrer auf eine Erläuterung (Pressefreiheit, Wahlrecht, Versammlungsfreiheit usw.). Fällt das Wort Demokratie, dann vergewissert er sich, ob das Wesen formaler und realer Demokratie verstanden wurde

Praxisratschläge

usw. Zwar wird dadurch der schnelle Lauf der Gedanken manchmal gehemmt; die Schüler beginnen aber sehr bald, ihre Wortwahl sorgfältiger zu treffen, weil sie wissen, daß der Lehrer Feind jeder Phrase bzw. aller leeren Worte ist." (Donath 1962, S. 48)

Ein geschichtsdidaktisches Verlaufsmodell

In jüngerer Zeit hat Michael Ventzke ein sehr komplexes Verlaufsmodell für strukturiertes Lernen von und an Begriffen und Kategorien vorgestellt. Die angeführten Operationen sollen offenbar in einer Unterrichtsstunde im Sinne eines Drehbuchs umgesetzt werden:

I. Annäherung (an individuelle Bezeichnungsgewohnheiten)

1. Schritt: Besprechung der von Schülern zur Beschreibung vergangenen Geschehens genutzten, lebensweltlich gefärbten Kategorien und Semantiken
2. Schritt: Etablierung eines Ausgangspunkts für die weitere Arbeit: bestehende, lebensweltliche Kategorienverwendung transparent machen (z.B. durch Visualisierung an der Tafel zunächst ohne Korrektur)
   (*Erwartung*: Der Schüler personalisiert, anthropomorphisiert, mentalisiert, linearisiert Erklärungen. Es existiert kein Alteritätsverständnis. Eine Abstraktionsnotwendigkeit wird nicht gesehen.)

II. Umgang mit Quellen und Darstellungen

1. Schritt: Gewinnung neuer Informationen zu einem Gegenstand der Vergangenheit durch Arbeit mit Quellen und Darstellungen; Erfassung der Quellenbegrifflichkeiten
2. Schritt: Deutung des untersuchten Geschehens mit eigenen Kategorien

III. Problematisierung

1. Schritt: Konfrontation mit dem unzureichenden Erklärungspotenzial lebensweltlich gefärbter Kategorien; Widersprüche im Begriffsgefüge aufweisen
2. Schritt: Zusammenhang zwischen begrifflicher Fassung eines Vorgangs und der sich daraus ergebenden Orientierung herstellen (Welche Frage steht hinter dieser kategorialen Benennung?)

IV. Etablierung

1. Schritt: Herstellung zwischen Beziehungen zwischen dem vertrauten und den neuen Wortfeldern/Begriffsapparaten
2. Schritt: Verdichtung der Untersuchungsergebnisse zu Abstraktionen, die Kategorien, historische Begriffe und Eigennamen in ein spezifisches Verhältnis zueinander setzen. Diese Konstruktionen verbinden den lebensweltlichen Begriffsraum und die neuen Informationen.
   (Nutzung vorhandener oder Etablierung neuer Bezeichnungen; Schärfung intensionaler und extensionaler Kriterien) ‚konzeptioneller Wandel'
3. Schritt: Durchdringung von Fachbegriffen durch Verdeutlichung der Sinnschichten dessen, „was gemeint ist", und dessen, „was erkannt werden soll". Diese Schichten werden durch Vergleich eines alten und des neuen Begriffs-/Kategorienverständnisses deutlich.
4. Schritt: Etablierung eines historischen Vorgangs als eines bestimmten Vorgangs (Sinngebung, Ansatz zur Merkfähigkeit, Erhöhung von Erkenntnistiefe und -genauigkeit, Alteritätserfahrungen)

Ventzke 2011, S. 94

Teilkompetenzen im Umgang mit Begriffen

Besonders wichtig werden hier die Schülervorstellungen als Ausgangspunkt und ein darauf bezogener „conceptual change" genommen. Allgemeiner gehalten ist die Systematik von Bereichen und Operationen eines kompetenten Umgangs mit Begriffen, die Alavi in Anlehnung an Grzesik (siehe oben) vorschlägt:

Begriffserwerb

- Begriffsinhalt mit eigenen Worten erklären können (Wortherkunft, Semantik)
- Mit der Nennung des Begriffs Wissen (Merkmale, historische Zusammenhänge, in denen der Begriff relevant ist), Vorstellungen (Anschauungen, Beispiel) und Wertungen (positiv/negativ, angemessen/unangemessen, angenehm/unangenehm etc.) abrufen und einbringen können

Begriffsgebrauch

- Begriff adäquat verwenden können
- Begriff in neue historische Zusammenhänge einbringen können
- Den erworbenen Begriff erweitern können (z.B. Revolution: französische, industrielle)
- Begriff von anderen unterscheiden können (Kenntnis des Begriffsfeldes)
- Zusammenhänge zwischen dem Begriff und anderen Begriffen herstellen können (z.B. Kausalbeziehungen, zeitliche oder räumliche Beziehungen)

Begriffskritik

- Kritisches Einschätzen der Leistungsfähigkeit eines Begriffs

Alavi 2004, S. 41

Anders als bei Ventzke handelt es sich dabei nicht um eine Abfolge von nacheinander im Unterricht durchzuführenden Operationen, sondern um ein nach Anforderungsniveaus gestuftes „Menü" von möglichen Operationen, die bei passender Gelegenheit durchgeführt werden können. An dieses Modell lassen sich am ehesten unterrichtsmethodische Überlegungen anknüpfen.

4.2 Begriffsarbeit praktisch

Wie lassen sich solche Konzepte und Modelle in der Praxis des Geschichtsunterrichts realisieren, ohne dessen Möglichkeiten massiv zu überfordern? Explizite Begriffsarbeit findet in unserem Geschichtsunterricht vermutlich eher selten statt. Das liegt sicherlich zu einem wesentlichen Teil daran, dass das Fach Geschichte im Unterschied zu anderen Fächern (zumindest in der Sekundarstufe I) nicht systematisch, sondern chronologisch organisiert ist. Es werden also nicht Fälle von „Revolution" in der Geschichte gezielt untersucht und miteinander verglichen, sondern das Phänomen „Revolution" taucht an verschiedenen Stellen und mit weitem Abstand im chronologischen Durchgang auf. Hier gezielt Verknüpfungen herzustellen und den Begriff in den jeweiligen Kontexten

Struktur des Geschichtsunterrichts

vergleichend zu reflektieren ist nicht einfach. Eine besondere Chance dafür läge in Längsschnitten, die kategoriale Begriffe wie Herrschaft, Geschlecht, Menschenrechte, Emanzipation oder Migration aufgreifen und chronologisch verfolgen. Sie finden sich aber in den curricularen Vorgaben der Bundesländer insgesamt nur selten und werden wohl noch seltener in der Unterrichtspraxis realisiert.

Strategien für unterschiedliche Begriffstypen

Sinnvoll wäre auf jeden Fall eine explizite und langfristig angelegte Begriffsarbeit mit gezielten Übungen, Wiederholungen und Vergleichen. Je nach Begriffstyp lassen sich dabei unterschiedliche Strategien verfolgen. Einfache Begriffe, die lediglich Objekte benennen, können dann, wenn sie im Unterricht eine Rolle spielen, gleichsam wie Vokabeln gelernt werden („Hieroglyphe", „Limes", „Pfalz"). Andere Begriffe erfordern eine aufwändigere Definition und vor allem eine historische Kontextualisierung („Klientel", „Reisekönigtum", „Grundherrschaft"). Bei Begriffen, die im chronologischen Durchgang mehrfach begegnen, müssen im Vergleich die Unterschiede zwischen ihren jeweils zeitspezifischen Bedeutungen herausgearbeitet werden („Republik", Monarchie", „Revolution"). Bei Deutungs- oder Theoriebegriffen schließlich geht es um komplexe Darlegungen und Argumentationen („Liberalismus", „Nationalismus", „Industrialisierung"). Es bietet sich an, dabei zwischen anlassbezogener und eher punktueller Begriffsarbeit einerseits sowie geplanter und systematischer andererseits zu unterscheiden. Für den ersten Fall lässt sich eine Reihe von Maximen formulieren:

Anlassbezogene Begriffsarbeit

Ansätze für anlassbezogene Begriffsarbeit

- Wichtige Begriffe, die in Quellen, in Schulbuchdarstellungstexten, in sonstigen Texten oder im Unterrichtsgespräch vorkommen, sollten ausdrücklich geklärt werden. Potentielle Unklarheiten dürfen nicht stillschweigend übergangen werden; das Ergebnis sind „Scheinklarheiten" und „Verbalismus". Bei solchen Klärungen kann ggf. auf Begriffserläuterungen im Schulbuch (Marginalie, Lexikon) oder in Schülerlexika zurückgegriffen werden.

- Begriffsdefinitionen können in der Klasse explizit ausformuliert (Tafelanschrieb) und ins Geschichtsheft oder die Geschichtsmappe übertragen werden. Langfristig kann in der Klasse ein eigenes kleines Begriffslexikon (oder eine Lernkartei) erarbeitet werden.
- Falscher bzw. in Bezug auf den Kontext unterkomplexer Begriffsgebrauch von Schülerinnen und Schülern sollte immer angesprochen und optimiert werden.
- Unterschiede zwischen heutigem lebensweltlichem und historischem Begriffsgebrauch sollten thematisiert werden.
- Das Lernen von Begriffen, die konkrete Gegenstände bezeichnen, kann durch Abbildungen unterstützt werden. Das hilft zu vermeiden, dass Schülerinnen und Schüler gar keine Vorstellungen entwickeln oder auf Vorstellungen von Gegenständen aus heutiger Zeit zurückgreifen.
- Wiederholend können Schülerinnen und Schüler selbst Begriffsdefinitionen formulieren oder Aufgaben zum Umgang mit vorliegenden Definitionen erhalten (s. Kapitel 5.1 und 5.2).

Natürlich ist es bei dieser punktuellen Begriffsarbeit keineswegs einfach, den richtigen Moment und das richtige Vorgehen zu treffen; das zeigen auch die unten abgedruckten Unterrichtsbeispiele (Kapitel 4.3). Für systematische Begriffsarbeit empfehlen sich folgende Ansätze, die mit unterschiedlichen methodischen Verfahren (s. Kapitel 5.1–5.6) realisiert werden können:

Systematische Begriffsarbeit

Ansätze für systematische Begriffsarbeit

Intensive Arbeit an zentralen komplexen Begriffen: Dazu sollten insbesondere Epochenbegriffe und wichtige Deutungsbegriffe zählen. Wissenschaftliche Definitionen solcher Begriffe sind häufig hoch differenziert. Das kann so weit führen, dass sich vor lauter Differenzierungen und Relativierungen der Bedeutungskern des Begriffs gewissermaßen auflöst. So etwa beim Begriff „Absolutismus": Die Forschung arbeitet seit langem daran zu zeigen, dass es den idealtypisch vorgestellten Absolutismus eigentlich nicht gegeben habe. Für die Schule ist dies wenig sinnvoll. Hier wäre zunächst einmal ein Grundverständnis zu sichern, das aus fachwissenschaftlicher Perspektive durchaus unterkomplex und holzschnittartig

„Conceptual enrichment"

sein kann. Differenzierungen können dann nach Bedarf und Anlass nachgeschoben werden. Man würde dann wohl besser von „conceptual enrichment" als von „conceptual change" (wie Langer-Plän und Beilner) sprechen; es geht nicht um den grundsätzlichen Gegensatz von nichtwissenschaftlichen und wissenschaftlichen Vorstellungen, sondern um graduell unterschiedliche Ausprägungen von Komplexität.

Begriffsnetze

Arbeit mit Begriffsnetzen (Verankerung im semantischen Feld): Begriffe werden in Relation zu anderen gesetzt, die zu einem gemeinsamen Themenbereich gehören, die Relationen zwischen ihnen werden beschrieben. Dafür eignen sich besonders grafische Darstellungsverfahren (Strukturskizzen, concept maps, s. Kapitel 5.6). Auf diese Weise können einzelne Begriffskonzepte und weitere Themenkonzepte offengelegt und entwickelt werden. Im ersten Schritt müssen passende Begriffe ausgewählt werden. Im zweiten werden sie mit Blick auf ihre Beziehungen geordnet. Im dritten Schritt werden diese Beziehungen mit Stichworten oder kurzen Erklärungen benannt. Zum Begriff „Absolutismus" könnten beispielsweise Begriffe wie „Monarchie", „König", „Adel" oder „Gottesgnadentum" in Beziehung gesetzt werden.

Begriffsfelder

Arbeit mit Begriffsfeldern (Verankerung im semantischen Feld): Methodisch handelt es sich um dasselbe Vorgehen wie beim Begriffsnetz. Jedoch soll hier durch Vergleich und Abgrenzung eng benachbarter und gewissermaßen miteinander konkurrierender Begriffe das Begriffsverständnis geklärt und geschärft werden. Ein Beispiel: Revolution – Rebellion – Revolte – Umsturz – Machtwechsel – Staatsstreich – Putsch – Reform. Dabei kann es auch um unterschiedliche Deutungsperspektiven und Urteile über ein historisches Phänomen gehen, die sich hinter unterschiedlichen Begriffen verbergen: Machtergreifung – Machtübernahme – Machtübertragung; Holocaust – Shoah – Genozid – Judenvernichtung – Völkermord an den Juden. Schließlich können auch wieder historische Veränderungen eines Begriffsfeldes in der Zeit eine Rolle spielen. Beispiel: Stadtbürger – Bourgeois – Citoyen – Großbürger – Kleinbürger – Bildungsbürger – Staatsbürger.

Längssschnittliche Begriffsarbeit

Wiederaufgreifen, Ausschärfen und Anreichern von Begriffen: Wichtige Begriffe, die für verschiedene Themen des chronologischen Durchgangs relevant sind, können jeweils mit Rückbezug auf das frühere Thema aufgegriffen, vergleichend betrachtet, differenziert, erweitert und möglichst auch in ihrem Erklärungswert reflektiert werden. Dabei handelt es sich nicht um einen echten Längsschnitt; aber es werden Inhalte, die im Rahmen eines chronologischen Durchgangs bereits behandelt wurden, gewissermaßen längsschnittlich gegengelesen. Gute Beispiele sind die Begriffe „Revolution" und „Demokratie". Dem ersten begegnen die Schülerinnen und Schüler im chronologischen Durchgang an mehreren Stellen: „Neolithische oder jungsteinzeitliche Revolution", „Glorious Revolution", „Amerikanische Revolution" (nicht immer so verwendet), „Französische Revolution", „Industrielle Revolution", „Deutsche Revolution 1848/49", „Russische Revolution", „Deutsche Revolution 1918/19"; Ergänzungen und Fortführungen bis in die Gegenwart sind möglich. Nicht nur der Vergleich der politischen Vorgänge, sondern gerade auch der mit den wirtschaftlich-technischen (und weit darüber ausstrahlenden) Revolutionen bietet sich an; dabei können klassische Merkmale des Revolutionsbegriffs wie die Radikalität gesellschaftlicher Veränderungen, Plötzlichkeit oder Gewalthaftigkeit reflektiert werden (s. genauer Kapitel 5.1). Im Hinblick auf „Demokratie" lassen sich Athen, ggf. Rom, die USA, Frankreich, Weimar, die Bundesrepublik, aber auch Formen wie die Rätedemokratie oder die „Volksdemokratien" miteinander vergleichen und aufeinander beziehen. Auch hier geht es nicht um „conceptual change", sondern um „conceptual enrichment".

Eine intensivere Beschäftigung mit Begriffen sollte zu einem Beherrschen und Verstehen führen, das mehrere Stufen umfasst: die gleichsam lexikalische Definition des Begriffs; die Verknüpfung und Abgrenzung mit und von anderen Begriffen in Begriffsnetzen und Begriffsfeldern; die begrifflich gestützte Beschreibung und Beurteilung eines historischen Ereignisses; der begrifflich gestützte Vergleich verschiedener historischer Ereignisse; die übergreifende Reflexion des Begriffs.

4.3 Unterrichtsbeispiele – Chancen und Probleme von Begriffsarbeit

In den folgenden Beispielen sind Unterrichtssituationen dokumentiert, in denen ausdrücklich an Begriffen gearbeitet wird. Die beteiligten Lehrkräfte nehmen den Umgang mit Begriffen wichtig; sie nutzen allerdings nicht alle Möglichkeiten, die sich bieten würden. Selbstverständlich ist das im Nachhinein sehr viel leichter wahrnehmbar als in der Unterrichtssituation selbst. Es geht also nicht um wohlfeile Kritik, sondern um die Verdeutlichung von Vertiefungsmöglichkeiten.

Beispiel 1: Aus dem Transkript einer Stunde zum Thema Mittelalter, Realschule Klasse 8

L	Vielleicht müßt ihr für die anderen drei Tische nochmal wiederholen – zwei oder drei Begriffe klären, ich hab gesehen, daß ihr die auch geklärt habt. – Oder habt ihr Begriffe zu fragen? Karl.
K	Feudalherrn.
L	*Feudalherrn* ja, Feudalherrn. Iris.
I	Also die führen Gericht, da braucht man nicht extra bis zum Kaiser, und die führen ein Gericht, wer ein Stückchen Land bekommt oder wer was bewirtschaften darf und was er sich nehmen darf.
L	Möchte es noch jemand anders erklären? – Dann darf ich es einfacher erklären. Feudalherrn sind *Lehnsherrn*, ja? Habt ihr noch eine? Gerd.
G	Ich wollt fragen, was eine *Allmende* ist.
L	Das weiß die Gerda.
G	Das ist das Gebiet, das allen Bewohnern eines Dorfes gehört.
L	Ja, was gehört denn zur Allmende? Bitte schön.
S	Ein Wald, eine Wiese, ein Fluß, ein Bach, ein –
L	(unterbricht) Danke schön. Habt ihr noch Fragen? Gerda.

Grzesik 1988, S. 252

Begriff „Feudalherr"

Es geht hier um eine gleichsam lexikalische Begriffsklärung. Die Lehrkraft fragt explizit nach, ob ihre Schülerinnen und Schüler Begriffe nicht verstanden haben, und spiegelt die Fragen aus der Klasse an diese zurück. Allerdings führt dies im Falle des Begriffs „Feudalherrn" nicht zu einer wirklichen Klärung. Schülerin Iris nennt in ihrem Erklärungsversuch zwar einen richtigen Aspekt, nämlich die Gerichtsherrschaft, auf den sich jedoch die Feudalgewalt nicht beschränkt und die etymologisch gesehen nicht den Kern des Begriffs ausmacht (feudum = Lehen). Die Lehrkraft wartet dann mit einer eigenen Erklärung in Form einer Übersetzung auf. Freilich ersetzt sie damit nur den einen unbekannten Begriff durch einen anderen, sehr wahrscheinlich ebenfalls unbekannten; sie schafft also lediglich scheinbar Klarheit. Gut gelingt dagegen die Klärung des Begriffs „Allmende": Eine Schülerin oder ein Schüler nimmt zunächst eine allgemeine Definition vor, diese wird dann auf Nachfrage der Lehrkraft in einer zweiten Schüleräußerung konkretisiert und damit für die Klasse tatsächlich vorstellbar.

Begriff „Allmende"

Beispiel 2: Aus dem Transkript einer Stunde zum Thema Burgen im Mittelalter, Realschule Klasse 8

Lw	Das war das Gleiche. Also, wir haben jetzt schon mal zusammenfasst, was, an was wir uns erinnern können, was es auf Burgen gibt. Noch mal, zum einen (pause) [...]
Smd	Äh der, die Ker, die Kerker, also die Keller da von denen.
Lw	Keller, oder Kerker?
Smd	Kerker. Falls die
Lw	Was ist denn n Kerker?
Smd	Äh, falls die jetzt zum Beispiel Gefangene äh haben, dass die dann, die da drinne haben.
Lw	Also quasi, was is n Kerker, ein anderes Wort für?
Sm?	Gefängnis?
Lw	So ne Art Gefängnis, ja.
Sm?	(xx)
Lw	Und n Keller is ja dann wieder was anders. Wozu brauch ich denn n Keller? (Pau-se)
Sm?	(xx)
Lw	Ja, ich will mal nichts vorweg nehmen. Smi.
Smi	Zum Beispiel um Getränke zu lagern, damits kühl bleibt.
Lw	Damit die Ritter schön n kaltes Bierchen haben abends, ja und? Is, das is schön, aber nicht ganz so wichtig. Smj.

Smj	Für die Konservierung. Weil, die haben ja im Keller, da wars kalt und da konnten die ihre Lebensmittel am besten konservieren.
Lw	Genau, denn die hatten ja auch Tiere, Schafe, Kühe, die dann Milch gaben, das musste man ja auch irgendwo aufbewahren, denn Kühlschränke hats noch nicht gegeben, ne?

APAEK – Archiv für pädagogische Kasuistik, https://archiv.apaek.uni-frankfurt.de/1028

Begriff „Kerker"

Dieser Transkriptauszug zeigt wiederum eine relativ schlichte Begriffsklärung, die aber sehr konsequent verfolgt wird. Die Schülerin oder der Schüler verwendet die Begriffe Kerker und Keller nicht trennscharf. Die Lehrkraft klärt zunächst durch Nachfragen den ersten Begriff, wobei die Schülerin oder der Schüler erst eine Umschreibung und im zweiten Anlauf dann den intendierten Entsprechungsbegriff „Gefängnis" liefert.

Begriff „Keller"

Die Lehrkraft gibt sich damit aber nicht zufrieden und will auch noch den zweiten Begriff, also Keller, klären. Eine erste Erklärung („Getränke zu lagern") klassifiziert sie etwas ironisch als „nicht ganz so wichtig". Eine andere Schülerin oder ein anderer Schüler liefert dann das treffende Stichwort „Konservierung". Die Lehrkraft greift das noch einmal mit der sinnvollen Ergänzung auf „denn Kühlschränke hats noch nicht gegeben". Ihre Konkretisierung „Tiere, Schafe, Kühe, die dann Milch gaben" bleibt allerdings unzureichend; sie fällt damit auf die von ihr kritisierte Äußerung von Smi („Getränke") zurück; unklar ist der grammatische Anschluss zum folgenden Satz („das musste man ja auch irgendwo aufbewahren" – worauf bezieht sich „das"?).

Beispiel 3: Aus dem Unterrichtsprotokoll einer Stunde zur Französischen Revolution, Realschule Klasse 8, Stundenende

Lehrerin	Ja – und wenn sich das jetzt durchsetzt, was ist dann eigentlich passiert? Theresa!
Theresa	Dann hat das Volk die Macht gewonnen!
Lehrerin	Aha. (...) Und wer hat die Macht verloren?

Schüler/innen	Gemurmel (Schüler melden sich) Der König und der 1. und 2. Stand
Lehrerin	Das heißt, es hat sich alles gewendet (S. stimmen ein) gedreht und das (...) ja?
Schüler	Ah ja. Das wollte ich jetzt auch sagen. (leises Gekicher)
Lehrerin	Und dieses Wenden, dieses Drehen, dass sich alles umdreht (drehende Handbewegung), das nennt man (...) Ihr kennt's ja von (Drehbewegung der Hände)
Schüler	Rotation
Lehrerin	Rotation oder? (...) Revolution. Das ist eine Revolution, wenn sich alles dreht, wenn der König praktisch alles verliert oder ziemlich viel verliert und das Wichtigste an das Volk übergibt (zeigt auf das Volk an der Tafel)
Schülerin	Machtwechsel!
Lehrerin	Machtwechsel? (...) ja. Machtwechsel auch – von einem an viele (zeigt an die Tafel), ne, o.k.
Lehrerin	Das könnt ihr jetzt vielleicht noch drunter schreiben. (Leise) Ich habe keinen Platz mehr auf der Seite. Dieser Vorgang (diktiert) (...) kann als oder wird als – na? – Wie habt ihr es jetzt genannt?
Schülerin	Machtwechsel
Lehrerin	– Machtwechsel oder wenn die Macht *so* wechselt von einem an alle – kann als Revolution bezeichnet werden.

Alavi 2004, S. 52

Begriff „Revolution"

Die Lehrerin versucht den Schülerinnen und Schülern den von ihr gewünschten Begriff „Revolution" durch ihre Handbewegung zu suggerieren. Diese assoziieren damit lebensweltlich einen anderen Begriff – die Klasse hatte kurz zuvor eine Tageszeitung besucht und dabei die Rotationsdrucktechnik kennengelernt. Daraufhin führt die Lehrerin den

Begriff selbst ein. Den von einer Schülerin eingebrachten Begriff „Machtwechsel“ akzeptiert die Lehrerin als ebenfalls passend. Einen Vergleich der beiden Begriffe – „Revolution“ ist sehr viel genauer merkmalbestimmt als „Machtwechsel“ – nimmt sie nicht vor. Der Begriff „Revolution“ scheint auch nicht von früher („Glorious Revolution“, „Amerikanische Revolution“) bekannt zu sein. Am Ende lässt die Lehrerin die Schülerin den Begriff „Machtwechsel“ noch einmal einbringen und behandelt beide Begriffe als mehr oder weniger gleichbedeutend und gleich treffend. Eine präzise Vorstellung des Begriffs werden die Schülerinnen und Schüler in dieser Stunde nicht erworben haben.

Beispiel 4: Aus dem Transkript einer Unterrichtsstunde zum Ersten Weltkrieg, Realschule, Klasse 9 (LP = Lehrerin, Pa = Paula, Ka = Katja, To = Toni)

LP	Schlieffenplan (.) sagt euch das noch was ((Pa meldet sich, LP weist auf Pa))
Pa	mhm ä : :hm (.) Was wars
LP	Ja <lachend> okay schlieffenplan (.)
To	achso ja ((To meldet sich))
LP	sagt das noch was der zwei Frontenkrieg
SuS	ja (.) ja ((Pa und To melden sich weiterhin))
LP	was möchtest du sagn paula
Pa	äh die ham ja oder halt (.) die deutschen ham zum einen Russland angegrif[fen]
LP	[mhm]
Pa	und die deutschen ham auch Frankreich gleichzeitig noch angegriffen ((Ka meldet sich, To meldet sich weiterhin))
LP	genau also du bist jetzt beim zweifrontenkrieg ne
Pa	ja
LP	jawoll (.) ((zeigt zu Ka))
	((zeigt zu To)) du darfst auch gleich
Ka	der schlieffenplan war also (.)
	sie wollten Frankreich umzingeln
LP	mhm (.) wer sie

Ka	und dann (.)
	also die deutschen
LP	JA
Ka	wollten sie Frankfreich umzingeln
	und dann (.) überraschen
	und (.) einfach (.) schne : ll (.)
	äh (.) besiegen
LP	jawoll
Ka	und des hat aber nicht geklappt ((LP nickt))
	und dann (.)
LP	mhm
Ka	mussten sie sich zurückziehen (.)
	und dann (.) wars halt eher (.)
	isses bisschen so hin und her gegangen mehrere tage
LP	mhm
Ka	und dann ham a_aber am ende Frankreich dann gesiegt
LP	mhm ((nickt, zeigt auf To))
To	ja ums ganz genau zu nehmen also die sind einmal (.)
	von vorne gekommen und einmal wollten die über (.)
	Belgien oder
LP	wer die ((zieht Schultern hoch))
To	die deutschen
LP	[die deut]
To	[(also die deutsche armee)]
LP	[dann sag das doch]
To	die deutsche Armee wollte einmal ähm eben von vorne kommen und dann über Belgien noch gehen
	und von oben dann die so einkesseln genau
LP	genau (.) oh wunder (.) man geht über Belgien nach Frankreich
To	ja
LP	jedenfalls (.) kam es zum zweifrontenkrieg
	den hat paula schon gesagt des war jetzt nicht oh wunder auf toni sondern allgemein auf die Kriegsstrategie
	ihr habt das beide sehr gut erklärt ((zeigt auf Ka und To))

Matschke 2018, S. 65, Transkription vereinfacht

Begriff „Schlieffenplan"

Die Autorin, die diese Sequenz aufgenommen und transkribiert hat, untersucht sie unter der Fragestellung, wie die Lehrerin das Unterrichtsgespräch ausgestaltet. Sie hebt hervor, dass die Lehrerin Diskursaktivitäten an die Schülerinnen und Schüler übergibt (sie fordert diese zum Erklären auf); dass sie referentielle Eindeutigkeit einfordert (über was genau wird geredet?); dass sie explizit die Sprachhandlung „Erklären" benennt und schließlich eine ausdrückliche Rückmeldung zur Verständlichkeit der Schüleräußerungen gibt. Richtet man freilich das Augenmerk nicht auf die Kommunikation, sondern auf die inhaltliche Klärung des Begriffs „Schlieffenplan", so zeigt sich, dass das Gespräch zu keiner adäquaten Definition führt. Für den Fall eines Zweifrontenkriegs gegen Frankreich und Russland wollte der deutsche Generalstab seine Truppen im Westen massieren, dort eine schnelle Entscheidung herbeiführen und sich dann auf die Front im Osten konzentrieren, wo bis dahin nur hinhaltender Wiederstand geleistet werden sollte. Der Angriff im Westen sollte nördlich durch das neutrale Belgien geführt werden. Auf diese Weise wollte man die stark befestigte französische Ostgrenze umgehen und von hinten umfassen. Die Durchführung des Plans scheiterte einerseits an falschen Grundannahmen – so waren die zur Verfügung stehenden eigenen Truppen weit schwächer als eigentlich veranschlagt –, andererseits an operativen Misserfolgen. Im Unterrichtsgespräch bleibt unklar, in welcher Beziehung eigentlich die Begriffe „Schlieffenplan" und „Zweifrontenkrieg" zueinander stehen; damit wird auch die strategische Grundlage des Plans nicht deutlich. Das geplante Vorgehen gegen Frankreich wird letztlich ebenfalls nicht präzise beschrieben, auch wenn einzelne Stichworte („Frankreich umzingeln", „so einkesseln", „über Belgien noch gehen") fallen. Das Scheitern des Plans wird zwar konstatiert („hat dann aber nich geklappt"), aber nicht erläutert. Insofern hätte die Lehrerin noch genauere Erklärungen einfordern oder eben doch eigene Ergänzungen vornehmen müssen. Hilfreich hätte in diesem Fall auch eine mit wenigen Strichen zu realisierende Kartenskizze sein können.

Beispiel 5: Aus dem Transkript einer Doppelstunde zur Russischen Revolution, Gymnasium Klasse 12

JOH	Nein, es war eine erfolgreiche Machtergreifung.
L	(jetzt-) Leute, wenn ihr „Machtergreifung" sagt, dann bitte immer so, ja? „Machtergreifung" ist in Deutschland etwas ganz klar Umfasstes. Bitte. Also, was (So, ja.) (deutet mit Geste Anführungszeichen an)
JOH	Ich weiß!
L	(möchtest du machen)?
JOH	Äh, „Machtergreifung" (deutet mit Geste Anführungszeichen an).
	[einige Schüler, darunter Johanna, lachen/kichern]
L	Nein, das machen wir nicht, das lass' ich nicht zu. Bitte.

Meyer-Hamme/Thünemann/Zülsdorf-Kersting 2012, S. 254, Transkription vereinfacht

Begriff „Machtergreifung"

Eine Schülerin verwendet im Unterrichtsgespräch zur Kennzeichnung der Russischen Revolution den Begriff „Machtergreifung". Daraufhin ermahnt der Lehrer die Klasse, diesen Begriff nur in Anführungszeichen zu verwenden, die er gestisch vorführt. Die Belustigung der Schülerinnen und Schüler über die von der Schülerin daraufhin ebenfalls gestisch dargestellten Anführungszeichen unterbindet er („Nein, das machen wir nicht, das (.) lass' ich nicht zu. Bitte."). Er fordert also einen bestimmten Begriffsgebrauch ein, erläutert aber nicht genauer, warum er die Verwendung des Begriffs „Machtergreifung" ohne Anführungszeichen für problematisch hält. An dieser Stelle hätte explizit gemacht werden können, dass es sich um einen ursprünglich von den Nationalsozialisten geprägten Begriff handelt, der eine bestimmte Sichtweise auf das Ereignis transportiert; insbesondere in der Nachkriegszeit war dieser Begriff beliebt, weil er den vermeintlich usurpatorischen Charakter des Beginns der NS-Herrschaft betont und so im Hinblick auf die Frage, wie breit die Unterstützung des Nationalsozialismus durch die Bevölkerung war, exkulpatorisch wirken konnte. Ob der Begriff „Machtergreifung" bei der inhaltlichen Analyse des Ereignisses ertragreich sein könnte, wird gleichfalls nicht erörtert.

Beispiel 6: Aus dem Transkript einer Doppelstunde zur Russischen Revolution, Gymnasium Klasse 12

L	Was spricht dafür, dieses Ereignis 25. Oktober- diese Ereignisse, ist ja n ganzes Bündel, als „Putsch" zu bezeichnen, was spricht dafür (deutet auf die rechte Tafelseite), es als „Sieg der Revolution" zu bezeichnen? [...]
OLA	Also, für das „Putsch" würde ja sprechen, dass es- diese Aktion ja eigentlich nur von einer kleinen Gruppierung durchgeführt wurde, die politisch motiviert waren, also Bolschewisten, die ja dadurch ihre Machtbasis (erweitern) wollten, für einen „Sieg der Revolution" würde eben sprechen, dass im Nachhinein, ja, propagandistisch vielleicht (einmal) gesprochen, eben das Proletariat jetzt an der Macht ist, und nicht mehr diese provisorische (Vor-)Regierung. [...]
L	[...] Weitere Aspekte für „Putsch" oder für „Sieg der Revolution"? Also wenn ihr nochmal, ähm, in Gedanken nachgeht, was ihr, bevor ich die Folie aufgelegt habe, als Vorgang vor dem 25. Oktober so erzählt habe, und euch erinnert, was Stalin zum Beispiel gesagt hat, ähm, was Lenin sagte, als er die Aufstände aus dem Juli da bewertet hat, ähm, was spricht eher dafür, dass das ein „Putsch" ist, wenn ihr diese Aussagen noch mal (Geste) euch in Erinnerung ruft, (deutet auf Schüler, ruft ihn auf) Lars.
LAR	Ja, vielleicht, dass das (so) geplant war (eben)? [...] Ja, ähm, man hatte sicher überlegt, dass man da dann eben anfängt mit den Truppen aus Petersburg diese wichtigen Plätze einzunehmen und eben dann, ähm, die Minister ein einzusperren.
L	Ja. [...] Also, ähm, geplant war das Vorgehen (.) aber nicht nur das Vorgehen war geplant. (deutet auf PHI, ruft ihn damit auf) Bitte.
PHI	Sondern, ähm, das eigentliche Ziel, was das ja zur Folge haben sollte, war ja auch geplant. [...]
L	Ja, noch was. Bitte. [...] Ja, ähm, Stalin sagt doch: Wir (w-) machen das einen Tag vor dem, ääh, nächsten Allrussischen Kongress, also der plant sogar den Termin, (.) wenn der dann auch so n bisschen flexibel ist, aber daran erinnert euch mal gleich. Okay, ähm, wir könnten jetzt zwei Wege weitergehen, entweder [...] sagt ihr mir aus eurem Wissen über Revolutionen, Revolutionsdefinitionen, was spricht hier dafür, dies als „Sieg der Revolution" zu bezeichnen oder wir gehen an die nächste Quelle.

Meyer-Hamme/Thünemann/Zülsdorf-Kersting 2012, S. 254–256, Transkription vereinfacht

Begriffe „Putsch“ und „Revolution“

Im Unterrichtsgespräch über die Charakterisierung der Ereignisse in Petersburg fordert der Lehrer die Schülerinnen und Schüler dazu auf, Argumente für oder gegen die Begriffe „Putsch“ oder „Sieg der Revolution“ zu nennen. Olaf nennt als Argument für „Putsch“, es habe sich nur um eine „kleine Gruppierung“ gehandelt, als Argument für „Revolution“, es habe sich ein Machtwechsel vollzogen. Nach erneuter Nachfrage des Lehrers ergänzt Lars als Argument für „Putsch“ ein geplantes Vorgehen, Philipp ein geplantes „Ziel“, der Lehrer dann selbst einen geplanten „Termin“. Hier wird also gezielt Begriffsarbeit eingeleitet, indem zwei benachbarte Deutungsbegriffe anhand einzelner Merkmale im Hinblick auf das historische Ereignis überprüft werden. Jedoch hätte dieser Weg noch konsequenter weiterverfolgt werden können. Am Ende bietet der Lehrer den Schülerinnen und Schülern ausdrücklich an, auf vorhandenes Wissen zu Revolutionen und schon behandelte Revolutionsdefinitionen zurückzugreifen. Er nennt jedoch auch eine alternative Möglichkeit, nämlich mit einer Quelle weiterzuarbeiten – und die Klasse entscheidet sich für diese Variante.

Diese Beispiele stehen nicht für bestimmte Typen suboptimaler unterrichtlicher Begriffsarbeit. Gleichwohl zeigen sich Muster: die inhaltlich zu enge bzw. unterkomplexe Erklärung (Beispiel 1: „Feudalherr“ bedeutet mehr als „Gerichtsherr“; Beispiel 3: „Konservierung von Lebensmitteln“ zu eng konkretisiert auf „Milch“; Beispiel 4: „Schlieffenplan“); die Erklärung eines unbekannten Begriffs durch einen anderen unbekannten Begriff (Beispiel 1: „Feudalherr“ durch „Lehnsherr“); die inkonsequente Begriffserklärung bzw. Sprachregelung (Beispiel 3: Gleichsetzung von „Revolution“ und „Machtwechsel“); der unklare Umgang mit einem Quellenbegriff (Beispiel 5: „Machtergreifung“); die unzureichende Realisierung eines merkmalsgestützten Vergleichs (Beispiel 6: „Putsch“ vs. „Revolution“).

5. Methodische Verfahren

5.1 Begriffserklärungen vornehmen

Bestandteile einer Begriffserklärung

Wie man Begriffe sinnvoll erklären kann, kann im Unterricht geübt werden. Kriterien für eine angemessene Definition sind:

- ggf. Begriff etymologisch ableiten
- Merkmale nennen, die für den Begriff bezeichnend sind (ggf. nach Wichtigkeit anordnen)
- Beziehungen zu anderen, bekannten Begriffen herstellen
- Beispiele für historische Phänomene nennen, die sich mit dem Begriff bezeichnen lassen

Selbstverständlich sollten Begriffsdefinitionen knapp, sachlich und für die Adressaten verständlich formuliert werden. Zentral ist das Finden und Hierarchisieren von Merkmalen. Als Beispiel erneut der Begriff „Revolution“, auf den oben schon verwiesen wurde (zur Begriffsgeschichte und als Überblick Flemming 1994, Langewiesche 1994, als Unterrichtsvorschlag Dräger 2015). Er bezeichnet zunächst eine Veränderung gesellschaftlicher Verhältnisse. Als besondere Merkmale gelten: Die Veränderungen sind tiefgreifend; sie vollziehen sich plötzlich; sie vollziehen sich zumeist gewalthaft; es gibt bestimmte (massenhafte) Trägergruppen der Revolution; die Handelnden orientieren sich an einer programmatischen Idee; das Ergebnis ist ein Wechsel des politischen Systems und ein Austausch gesellschaftlich führender Gruppen.

Beispiel „Revolution“

Dieses Merkmalsset dient zur Erklärung des Begriffs. Es kann dann wiederum auch für die Analyse und den kriteriengestützten Vergleich von verschiedenen Fällen von Revolution eingesetzt werden: In welchem Fall war welches Merkmal stärker oder weniger stark ausgeprägt? Gibt es besonders markante Abweichungen? Wie stand es zum Beispiel mit der Massenbasis in der Russischen Revolution? Dass auf die Revolution in der DDR 1989 das Merkmal „Gewalthaftigkeit“

nicht zutrifft, wird stets durch das Attribut „friedlich" verdeutlicht. Auf die so bezeichnete Revolution von 1848 passen mehrere Merkmale nicht; das liegt freilich daran, dass sie nicht oder nur in Ansätzen erfolgreich war – deshalb müsste man hier eigentlich stets von der wenn nicht „gescheiterten", so doch „unvollendeten" Revolution sprechen.

Schwieriger ist es mit Revolutionen aus dem nichtpolitischen Bereich. Auf die großen Umwälzungen der Menschheitsgeschichte, die neolithische und die industrielle „Revolution", passen mehrere Merkmale nicht, vor allem die Plötzlichkeit; hier dient der Begriff lediglich dazu, die Intensität und Nachhaltigkeit der Veränderungen zu markieren. Bei enger gefassten technischen oder wissenschaftlichen Revolutionen, etwa der viel beschworenen digitalen „Revolution", stimmen zumindest Gewalthaftigkeit und Austausch der Trägergruppen nicht. Und in der Werbesprache reduziert sich „Revolution" schließlich darauf, ein Produkt als sensationelle Neuheit zu kennzeichnen. Kurzum: Außerhalb des politischen Raumes ist der Begriff nicht mehr streng merkmalsbestimmt, sondern wird eher metaphorisch verwendet. Beispiele können also dazu dienen, einen Begriff zu verdeutlichen; sie können vergleichend analysiert und damit in ihrer Besonderheit beleuchtet werden; sie können aber auch dazu genutzt werden, die Allgemeingültigkeit bestimmter Merkmale in Frage zu stellen.

Nach den oben genannten Regeln können sich Schülerinnen und Schüler selbst einzeln, in Partner- oder in Gruppenarbeit an Erklärungen von Begriffen versuchen, die bei aktuell behandelten Themen vorkommen. Diese können anschließend im Austausch diskutiert und optimiert werden (z.B. auch im Placemat-Verfahren). Aus selbsterstellten Begriffsdefinitionen kann eine Lernkartei erstellt werden, die mit dem obligatorischen chronologischen Durchgang der Sekundarstufe I mitwächst. Dazu muss zu jedem Begriff eine für alle verbindliche Definition festgelegt werden, die jede Schülerin und jeder Schüler auf eine Karteikarte überträgt (Vorderseite Begriff, Hinterseite Definition). Die Begriffserklärungen können dann individuell wie Fremdsprachen-

Lernkartei

vokabeln gelernt und beliebig wiederholt werden. Sicher beherrschte Begriffe können aus dem Kartensatz herausgenommen werden. Selbstverständlich können die Schülerinnen und Schüler sich auch wechselseitig in Partner- oder Gruppenarbeit abfragen, in der Gruppe können auch Ergänzungen zu einer ersten genannten Erklärung vorgenommen werden. Eine einfachere Variante besteht darin, dass die Schülerinnen und Schüler Begriffsdefinitionen aus dem Schulbuch (Glossar oder Marginalienspalte) abschreiben oder die Lehrkraft von ihr formulierte Definitionen vorgibt.

Definitionsvarianten

In der Sekundarstufe II kann eine solche Begriffsarbeit intensiviert werden. Dort lassen sich auch unterschiedliche Definitionsvarianten berücksichtigen, die beispielsweise auf verschiedenartige Konzepte oder Forschungsansätze zurückgehen. Schülerinnen und Schüler können zudem mit Blick auf eine größere Anzahl einschlägiger historischer Phänomene gewissermaßen experimentell eigene Vorab-Erklärungen komplexerer Begriffe entwickeln, die dann anschließend anhand einschlägiger Fachtexte überprüft und ggf. angereichert werden. Dieses Vorgehen lässt sich beispielsweise bei der Einführung in das Rahmenthema „Krisen, Umbrüche und Revolutionen" nutzen, das im niedersächsischen Curriculum für die Sekundarstufe II im 12. Schuljahr vorgesehen ist; in einem anspruchsvollen „Kernmodul" sollen hier als Grundlagen „Theorien und Modelle" zu Krisen, zu Revolutionen und zur Modernisierung erarbeitet werden (Kerncurriculum Geschichte für das Gymnasium – gymnasiale Oberstufe, die Gesamtschule – gymnasiale Oberstufe, das Berufliche Gymnasium, das Abendgymnasium, das Kolleg Gymnasium Niedersachsen, Hannover 2017, S. 29).

Im Folgenden ein Beispiel, in dem Schülerinnen und Schüler noch kleinschrittiger und intensiver an die Arbeit mit eigenen Begriffserklärungen herangeführt werden; dies geschieht in einem Wechselspiel von exemplarischer Analyse, Regelbildung und Üben. Es handelt sich um eine Einheit, die auf dem Lehrerfortbildungsserver Baden-Württemberg präsentiert wird. Die Erarbeitung vollzieht sich in folgenden (hier vereinfacht dargestellten) Schritten:

Aufgabe 1: Die Schülerinnen und Schüler sollen anhand der Beschreibung von Bildern erkennen, dass Begriffe gebraucht werden, um Sachverhalte zu erklären.

Aufgabe 2: Die Schülerinnen und Schüler erhalten drei Definitionen für den Begriff „Herrschaft" vorgelegt. Sie sollen entscheiden, welche sie für die beste halten. Anschließend lernen sie Regeln kennen, die für Begriffserklärungen wichtig sind. Mithilfe dieser Regeln untersuchen sie noch einmal die von ihnen gewählte Herrschaftsdefinition, dann auch die anderen. Hier die drei Beispiele mit einer Musteranalyse in Hinblick auf positive und negative Gesichtspunkte (Markierungen vereinfacht):

Beispiel „Herrschaft"

„1. Herrschaft ist, dass einer bestimmt. Manchmal sind es auch mehrere. Einer sagt, was man machen darf und was nicht. Die anderen finden das gut oder nicht so gut."

- Merkmale genannt, aber viel zu ungenau
- keine verständliche, sachliche Sprache
- ungenaue Ausdrucksweise (was man machen darf/finden das gut oder nicht so gut)
- keine Beispiele aus der Geschichte oder Gegenwart
- keine passenden, bekannten Fachbegriffe

\+ sinnvolle Reihenfolge

„2. Herrschaft übt eine Person oder eine Personengruppe aus, die andere Menschen regiert. Der Herrscher kann Gesetze erlassen oder Befehle erteilen. Er kann auch weitere Personen beauftragen, die Herrschaft in seinem Namen auszuüben. **In Ägypten z.B. beauftragt der Pharao den Wesir und die Beamten.** Die Beherrschten anerkennen den Herrscher. **In Ägypten anerkennen sie den Herrscher, weil er der Stellvertreter Gottes auf Erden ist, die** Maat **bewahrt und deshalb für Gerechtigkeit und Ordnung** sorgen muss."

\+ mehrere wichtige Merkmale genannt
\+ verständliche, sachliche Sprache:
\+ **ausgewählte Beispiele aus der Geschichte knapp genannt**
\+ passender, bekannter Fachbegriff
\+ sinnvolle Reihenfolge

- klare Reihenfolge der Merkmale
- zuerst wird ein Merkmal genannt, dann das dazu passende Beispiel

„3. Der Herrscher tut den Beherrschten oft Gutes, daraus bezieht der Herrscher seine Legitimation. Herrschaft bedeutet, dass eine Person über andere regiert. Der Herrscher kann Gesetze erlassen, die die Beherrschten befolgen müssen, weil sie ihm ja Gehorsam leisten müssen. Der Herrscher übt Macht aus über andere Personen, die Beherrschten leisten ihm Gehorsam."

\+ manche Merkmale gut, aber – mehrere Merkmale werden zu ungenau genannt (tut Gutes/eine Person/übt Macht aus)

\- keine verständliche, sachliche Sprache:
  - ungenaue Ausdrucksweise (siehe oben)

\- keine Beispiel aus der Geschichte oder Gegenwart

Begriffe erklären. Bildungsplan Baden-Württemberg: Geschichte, Klassenstufen 5/6, https://lehrerfortbildung-bw.de/u_gewi/geschichte/gym/bp2016/fb6/5_frage_sach/1_vor/3_sach/begriff/, eingesehen am 12.2.2018

Anschließend verfassen die Schülerinnen und Schüler ein Methodenblatt: Wie erkläre ich einen Fachbegriff?

Aufgabe 3: Die Schülerinnen und Schüler verfertigen selbst eine Erklärung zum Begriff „Gesellschaft" am Beispiel des alten Ägypten. Hier zwei Schülergruppenlösungen auf Plakaten. Dem Kommentar dazu ist zu entnehmen, dass die linke Gruppe zunächst nur die Definition im oberen Drittel des Plakats notiert und die schwarzen Ergänzungen dann nach einem Vergleich mit anderen Lösungen vorgenommen hat. Dennoch bleibt die linke Lösung wesentlich weniger komplex als die rechte.

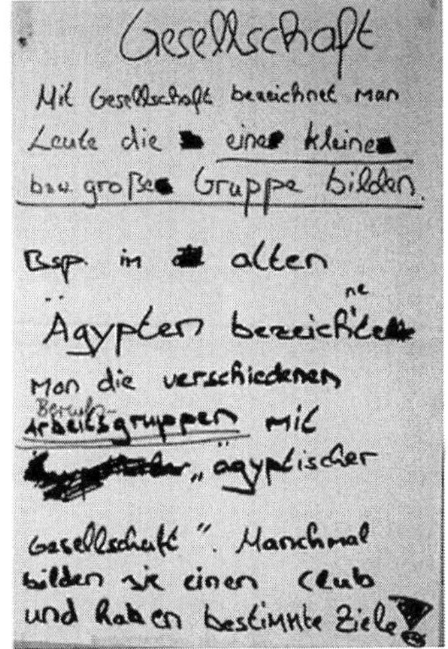

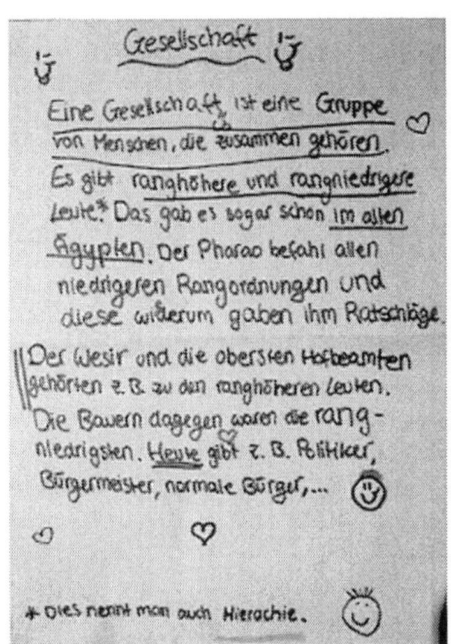

Begriffe erklären. Bildungsplan Baden-Württemberg: Geschichte, Klassenstufen 5/6, https://lehrerfortbildung-bw.de/u_gewi/geschichte/gym/bp2016/fb6/5_frage_sach/1_vor/3_sach/begriff/, eingesehen am 12.2.2018

Aufgabe 4: Die Schülerinnen und Schülern sollen den alten Ägyptern den Begriff „Bundestrainer" (Jogi Löw) erklären.

Aufgabe 5: Im Rückbezug auf Aufgabe 1 sollen die Schülerinnen und Schüler abschließend einem Freund erklären, wozu man Begriffe braucht.

5.2 Mit vorliegenden Begriffserklärungen arbeiten

Begriffserklärungen im Schulbuch

Alle Geschichtsschulbücher bieten heutzutage an verschiedenen Stellen Begriffserklärungen an: In einer Marginalienspalte neben dem Verfassertext werden Begriffe, die dort vorkommen, kurz kontextgebunden erklärt; dieselben, manchmal aber auch ausführlichere Definitionen sind enthalten in einem Begriffsglossar im Anhang der Bücher; bisweilen werden auch innerhalb der Kapitel Begriffe separat (in Kästen o. Ä.) genauer erläutert. Wie diese Angebote im Unterricht genutzt werden, darüber wissen wir wenig. Nach der jüngsten empirischen Studie, die sich mit der Nutzung einzelner Schulbuchbausteine befasst, greifen Lehrkräfte nur ziemlich selten auf

Begriffsglossare zurück (bei den Antwortmöglichkeiten „in jeder Stunde/häufig/selten/nie“ die ersten beiden Positivantworten kumuliert ca. 16 Prozent, dagegen Verfassertexte 70 und Materialseiten 80 Prozent) (Sauer 2018, S. 413).

Beispiele für Begriffserklärungen

Wie steht es mit der Komplexität und dem Anspruchsniveau der angebotenen Begriffsdefinitionen? Im Folgenden exemplarisch eine Synopse von Erklärungen aus verschiedenen Generationen von Gymnasialwerken aus dem Cornelsen Verlag. Herangezogen wurden die erste Ausgabe des „Geschichtsbuchs“ aus dem Jahre 1987 sowie die älteste und die jüngste Ausgabe von „Forum Geschichte“ aus den Jahren 2000 und 2016 (jeweils Erscheinungsjahr der ersten Bände), dazu im Vergleich eine neuere Ausgabe des Schulbuchs „Entdecken und Verstehen“ aus demselben Verlag, das sich an Real- und Gesamtschulen richtet. Zusammengestellt wurden die Definitionen von sieben zentralen Begriffen, die sich auf das politische und gesellschaftliche System in Antike und Mittelalter beziehen, und zwar jeweils die erste im Lehrwerk vorkommende Erklärung (bisweilen werden Begriffe noch einmal aufgegriffen).

Begriff: Adel (Antike)	
Geschichtsbuch 1987	**Forum Geschichte 2000**
Adel ist eine in der Gesellschaft hervorgehobene Gruppe, die sich durch Reichtum, Bildung und eigenen Lebensstil auszeichnet (S. 52). Zugehörigkeit zum Adel kann, wie in Griechenland und beim Patriziat in Rom, erblich, d.h. an hohe Geburt geknüpft sein oder, wie bei der römischen → Nobilität, durch Bekleidung eines Amtes erlangt werden (S. 116). In der Kaiserzeit bestimmte der Kaiser über die Zugehörigkeit zum Adel. Wenn der Adel die politische Macht ausübt, spricht man von einer *Aristokratie* (= Herrschaft der besten). (Bd. 1, S. 210; 445 Zeichen)	Adel ist eine in der Gesellschaft hervorgehobene Gruppe die sich durch Reichtum, Bildung und eigenen Lebensstil auszeichnet. Zugehörigkeit zum Adel kann, wie in Griechenland und beim Patriziat in Rom, erblich, d.h. an hohe Geburt geknüpft sein oder, wie bei der römischen Nobilität, durch Bekleidung eines Amtes erlangt werden. (Bd. 1, S. 200; 280 Zeichen)

Forum Geschichte 2016	Entdecken und Verstehen 2013
Adel, bestimmte Personen in einer Gesellschaft, die besondere Rechte genießen. Sie gehören meist schon durch Geburt den herrschenden oder besonders einflussreichen Familien an. (Bd. 5, S. 191; 154 Zeichen)	Adlige Die Edlen – Angehörige einer in der Gesellschaft hervorgehobenen Gruppe, ausgestattet mit erblichen Vorrechten. Adliger konnte man von Geburt aus sein (Geburtsadel); Adliger konnte man aber auch werden, indem man im Dienst des Königs tätig war (Amts- oder Dienstadel). (Bd. 1, S. 265; 236 Zeichen)

Begriff: Demokratie	
Geschichtsbuch 1987	**Forum Geschichte 2000**
Demokratie = ‚Volksherrschaft'. Die Demokratie ist eine Staatsform, die zuerst in Athen entstanden ist. In der attischen Demokratie hatte die Versammlung der → Bürger im Gegensatz zur römischen Republik die höchste politische Macht. Hier wurden alle politischen Entscheidungen durch Mehrheitsbeschluß getroffen; die Beamten, der → Rat der Fünfhundert und die Geschworenengerichte wurden durch Los bestimmt. Da alle Bürger der Polis direkt die politischen Entscheidungen trugen, spricht man von einer *unmittelbaren* Demokratie. Ausgeschlossen von den politischen Rechten waren Frauen, → Metöken und → Sklaven. So blieb die antike Demokratie immer die Herrschaft einer Minderheit in der Polis. (Bd. 1, S. 212; 595 Zeichen)	Demokratie Nach den griechischen Wörtern demos (= Volk) und kratein (= herrschen) Bezeichnung für eine Staatsform, in der das Volk über die Politik eines Staates entscheidet. In vielen griechischen Stadtstaaten nahmen alle männlichen Bürger an den Beratungen und Beschlüssen der Polis teil. In den meisten modernen demokratischen Staaten dagegen wählen alle erwachsenen Männer und Frauen ein Parlament, das ihre Interessen vertritt. (Bd. 1, S. 106; 372 Zeichen)

Forum Geschichte 2016	Entdecken und Verstehen 2013
Demokratie Nach den griechischen Wörtern demos (= Volk) und kratein (= Herrschen) Bezeichnung für eine Staatsform, in der das Volk über die Politik eines Staates entscheidet. In den meisten modernen demokratischen Statten wählen alle erwachsenen Frauen und Männer ein Parlament, das ihre Interessen vertritt. (Bd. 5, S. 103; 262 Zeichen)	Demokratie Die erste Demokratie (= Volksherrschaft) gab es in Athen im 5. Jh. v. Chr. In der Volksversammlung durften alle Bürger, d.h. alle Männer, die athenische Eltern hatten, abstimmen. Frauen, Fremde (Metöken) und Sklaven waren ausgeschlossen. (Bd. 1, S. 265; 213 Zeichen)

Begriff: Republik	
Geschichtsbuch 1987	Forum Geschichte 2000
Republik ist der Begriff für eine Staatsform, in der das Volk oder ein Teil desselben (z.B. die Adligen) die Macht ausübt. Der Begriff geht zurück auf das lateinische ‚res publica' und meint ‚die öffentliche, gemeinsame Sache' (S. 113). Die römische Republik verstand sich im Gegensatz zur → Monarchie als ein Staat, in dem die politischen Entscheidungen nicht Sache eines einzelnen waren. Sie war keine Demokratie wie Athen, sondern in ihr hatten zunächst allein die adligen → Patrizier, später die → Nobilität die entscheidenden politischen Ämter inne (S. 116). Die römische Republik war immer eine Aristokratie (→ Adel). (Bd. 1, S. 215 f.; 527 Zeichen)	Republik Bezeichnung für eine Staatsform, in der kein König herrscht. Die Macht wird vom Volk oder von einem Teil des Volkes, zum Beispiel von Adligen, ausgeübt. Republik ist der Gegenbegriff zur Monarchie. Eine Republik muss keine Demokratie sein. Der Begriff kommt aus dem Lateinischen: res publica = öffentliche Sache, im Gegensatz zur res privata = Sache des Einzelnen. (Bd. 1, S. 139; 315 Zeichen)

Forum Geschichte 2016	Entdecken und Verstehen 2013
Republik (lat. res publica = öffentliche Sache), eine Staatsform, in der kein König herrscht. Die Macht wird vom Volk oder von Teilen des Volkes ausgeübt. (Bd. 5, S. 194; 130 Zeichen)	Republik (lat. res publica = die öffentliche Sache). Begriff für eine Staatsform, in der das Volk oder ein Teil des Volkes die Macht ausübt. (Bd. 1, S. 268; 117 Zeichen)

Begriff: Grundherrschaft	
Geschichtsbuch 1987	**Forum Geschichte 2000**
Grundherr war z.B. ein Adliger oder ein Kloster. Er verfügte über das Obereigentum an Grund und Boden und gab ihn an abhängige, oft unfreie Untereigentümer (→ Hörige, → Leibeigenschaft) zur Bewirtschaftung aus. Für den Schutz, den der Grundherr zu gewähren hatte, waren die Hörigen zu Abgaben und Diensten (→ Frondienste) verpflichtet (S. 13 f. und 112 f.). Die Grundherrschaft bestimmte weitgehend die Wirtschaftsweise und das gesamte Leben der Bauern bis ins 19. Jh. (→ Lehen). (Bd. 2, S. 240; 405 Zeichen)	Grundherrschaft. Die Grundherrschaft bestimmte weitgehend die Wirtschaftsweise und das gesamte Leben der Bauern bis ins 19. Jh. Der Grundherr, z.B. ein Adliger oder ein Kloster, verfügte über das Obereigentum an Grund und Boden und gab ihn an abhängige, oft unfreie Untereigentümer (→ Hörige, → Leibeigene) zur Bewirtschaftung aus. Für den Schutz, den der Grundherr zu gewähren hatte, waren die Hörigen zu Abgaben und Diensten (→ Frondienste) verpflichtet. Der Fronhof war Haupthof und Mittelpunkt einer Grundherrschaft. Er umfasste das Herrenhaus, die Wirtschaftsgebäude sowie Äcker, Wiesen und Wälder. Auf dem Fronhof tagte das Hofgericht des Grundherrn, dem alle Angehörigen des Fronhofes unterworfen waren. Vom 12. Jh. an wurden die Fronhöfe meist aufgelöst und das Land an die Bauern verpachtet. (Bd. 2, S. 259; 684 Zeichen)

Forum Geschichte 2016	Entdecken und Verstehen 2013
Grundherrschaft, z.B. ein Adliger, ein Kloster oder ein Bischof verfügte über das Obereigentum an Grund und Boden. Er überließ abhängigen Bauern, den Grundholden (= Hörigen), Land zur Bewirtschaftung. Für den Schutz, den der Grundherr gewährte, waren die Hörigen zu Abgaben und Frondiensten verpflichtet. Gänzlich unfreie Bauern, die Leibeigenen, arbeiteten auf dem Herrenland bzw. auf Fronhöfen, die den Mittelpunkt einer Grundherrschaft bildeten. (Bd. 6, S. 151; 388 Zeichen)	Grundherrschaft Herrschaft über das Land und die Menschen, die auf ihm wohnten. Bauern erhielten vom Grundherrn Land, mussten dafür Abgaben entrichten und Dienste leisten. (Bd. 1, S. 266; 148 Zeichen)

Begriff: Leibeigenschaft	
Geschichtsbuch 1987	**Forum Geschichte 2000**
Leibeigenschaft ist die persönliche Abhängigkeit eines Menschen von seinem Herrn (Leibherrn). Sie war nicht notwendigerweise mit der Abhängigkeit eines → Hörigen von seinem → Grundherrn verknüpft. Die Leineigenen konnten ohne Zustimmung des Herrn nicht heiraten; sie mußten an ihn eine jährliche Kopfsteuer (vielfach 1 Huhn) entrichten. Nach dem Tod hatten die Erben eine beträchtliche Vermögensabgabe zu leisten: das beste Stück Vieh oder das beste Kleidungsstück oder sogar die Hälfte der beweglichen Habe. Im östlichen Deutschland entwickelte sich vom 15./16. Jh. an eine Form der Leibeigenschaft, die durch besonders hohe → Frondienste an den Grundherrn gekennzeichnet war, der damit Teile seines Besitzes selbst bewirtschaftete (Gutsherrschaft). In Deutschland begann die Abschaffung der Leieigenschaft im 18. Jh." (Bd. 2, S. 242; 705 Zeichen)	Leibeigene waren persönlich abhängig von ihrem Herrn (Leibherrn). Die Leieigenen konnten ohne Zustimmung des Herrn nicht heiraten; sie mussten an ihn eine jährliche Kopfsteuer (vielfach 1 Huhn) entrichten. Nach dem Tod hatten die Erben eine beträchtliche Vermögensabgabe zu leisten: das beste Stück Vieh oder das beste Kleidungsstück oder sogar die Hälfte der beweglichen Habe. In Deutschland begann die Abschaffung der Leibeigenschaft im 18. Jh." (Bd. 2, S. 261; 383 Zeichen)

Forum Geschichte 2016	Entdecken und Verstehen 2013
Leibeigene/Hörige, waren persönlich abhängig von ihrem Herrn (Leibherrn). Die Leibeigenen erhielten vom Grundherrn Land zur Bewirtschaftung und mussten dafür Abgaben und Dienste leisten. Sie waren an das ihnen übergebene Land gebunden und konnten zusammen damit verkauft werden. Ohne Zustimmung des Herrn konnten sie nicht heiraten und mussten an ihn eine jährliche Kopfsteuer (vielfach ein Huhn) entrichten. Nach dem Tod hatten die Erben eine beträchtliche Vermögensabgabe zu leisten: das beste Stück Vieh, das beste Kleidungsstück oder sogar die Hälfte der beweglichen Habe." (Bd. 6, S. 152; 496 Zeichen)	Leibeigene Bauern Bauern, die in völliger Abhängigkeit von ihrem Herrn lebten. Leibeigene durften ohne Genehmigung des Lehnsherrn weder wegziehen noch heiraten." (Bd. 1, S. 267; 140 Zeichen)

Begriff: Absolutismus	
Geschichtsbuch 1987	**Forum Geschichte 2000**
Absolutismus (von lat. solutus = gelöst). Eine Form der Herrschaft, in welcher der Fürst von den Gesetzen ‚losgelöst' regiert. Seine Gewalt leitet sich von Gott ab; ihm allein ist er verantwortlich (Gottesgnadentum). Die absolute Herrschaft stützt sich auf eine zentralisierte Verwaltung und ein stehendes Heer und bezieht auch die Wirtschaft (→ Merkantilismus), die Kirche und die Wissenschaft ein. Der Absolutismus entstand in Frankreich und Spanien im 16./17. Jh.; es gelang den Königen, die Macht der → Stände einzuschränken oder zu beseitigen. Seine höchste Blüte erlebte er in Frankreich unter Ludwig XIV. (Bd. 2, S. 186–190)	Absolutismus (von lat. absolutus = losgelöst). Bezeichnung für eine Regierungsform, die ihren Höhepunkt im 17. und 18. Jahrhundert fand. Der Monarch beanspruchte die uneingeschränkte Macht ohne Mitwirkung der Stände, weil er sich als Stellvertreter Gottes auf Erden verstand. Der Herrscher leitete die Verwaltung, gleichzeitig gingen von ihm die Gesetzgebung und die Rechtsprechung aus. Der Begriff Absolutismus geht auf Staatstheoretiker des 16./17. Jahrhunderts zurück (Bodin, Hobbes). (Bd. 3, S. 45; 423 Zeichen)

Begriff: Absolutismus	
Geschichtsbuch 1987	**Forum Geschichte 2000**
Eine Weiterentwicklung stellt der *aufgeklärte Absolutismus* dar (→ Aufklärung), in dem die Gewalt des Herrschers (→ Souveränität) nicht mehr von Gott, sondern vom Volk abgeleitet wird, dessen erster Diener der aufgeklärte Fürst ist. Man verwendet den Begriff Absolutismus auch zur Kennzeichnung der ganzen Epoche vom 16. bis zum 18. Jh." (Bd. 2, S. 239; 818 Zeichen)	
Forum Geschichte 2016	**Entdecken und Verstehen 2013**
Absolutismus (lat. legibus solutus = losgelöst von Gesetzen), Regierungsform im 17. und 18. Jh. Der Monarch beanspruchte die uneingeschränkte Macht ohne Mitwirkung der Stände, weil er sich als Stellvertreter Gottes auf Erden sah. Er leitete die Verwaltung, gleichzeitig gingen von ihm die Gesetzgebung und die Rechtsprechung aus. (Bd. 7/8, S. 228; 283 Zeichen)	Absolutismus Bezeichnung für die Epoche im 17. und 18. Jahrhundert, in der Ludwig XIV. und seine Regierungsform in Europa als Vorbild galten. Der Monarch besaß die uneingeschränkte Herrschaftsgewalt. Er regierte nach den von ihm erlassenen Gesetzen und forderte von allen Untertanen unbedingten Gehorsam. (Bd. 2, S. 256; 262 Zeichen)

Begriff: Aufklärung	
Geschichtsbuch 1987	**Forum Geschichte 2000**
Aufklärung ist eine Reformbewegung, die sich auf die Einsicht des Menschen beruft, ungeprüfte Überzeugungen als Vorurteile verwirft und das Recht auf eine freie und öffentliche Meinungsäußerung fordert. Die Zeit von ca. 1650–1800 bezeichnet man als Epoche der Aufklärung. Im Mittelalter stützte man sich bei der Suche nach Wahrheit auf die Bibel, die Kirchenväter und auf berühmte Werke der Antike. Dies wurde seit dem 17. Jahrhundert zunehmend kritisiert und ließ nur noch Vernunft, Erfahrung und Experiment gelten; man glaubte, so auf allen Gebieten des Lebens immer größere Fortschritte zu erreichen. Viele Aufklärer sahen als ihren Hauptfeind die christliche Kirche an; sie wollten die Religion nicht mehr auf die Offenbarung, sondern auf die Vernunft stützen. Auch die Unterschiede in der Gesellschaft wollten sie beseitigen; so wurden sie zu Wegbereitern der Idee der Gleichheit der Menschen. (Bd. 2, S. 239; 766 Zeichen)	Aufklärung Bezeichnung für eine Denkrichtung in Europa im 17. und 18. Jahrhundert. Die Aufklärer wollten das ‚Licht der Vernunft' gegen kirchliche, feudale und absolutistische Traditionen verbreiten. Zentrale Gedanken waren die Auffassung von der Freiheit und Gleichheit aller Menschen und von der Toleranz gegenüber anderen Meinungen. Mittel zur Durchsetzung der Aufklärung waren vor allem Wissenschaft und Erziehung. Mit der Aufklärung verbindet sich ein optimistischer Glaube an den Fortschritt, die Kraft der Vernunft und die Planbarkeit des politischen und gesellschaftlichen Lebens. Die Aufklärung war kein geschlossenes (Denk-)system. Wie der deutsche Begriff ‚Aufklärung' weisen auch die englische Bezeichnung ‚enlightenment' und der französische Begriff ‚lumières' auf den Sieg des Lichts über die Dunkelheit hin. (Bd. 3, S. 56; 713 Zeichen)
Forum Geschichte 2016	**Entdecken und Verstehen 2013**
Aufklärung, Geistesbewegung, die sich etwa ab 1700 in ganz Europa ausbreitete. Vernunft bestimmte das Denken und Handeln der Menschen, nicht mehr Glaube und Überlieferung. Beobachtungen und Experimente dienten als Grundlage wissenschaftlicher Forschung. Aufklärer forderten politische Freiheit und Gleichheit des Menschen vor dem Gesetz, religiöse Toleranz und wirtschaftliche Freiheit. (Bd. 7/8, S. 228; 339 Zeichen)	Aufklärung Reformbewegung, die im 18. Jahrhundert in fast allen Lebensbereichen zu neuen Ideen und Denkweisen führte. In der Politik richteten sich die Aufklärer gegen die uneingeschränkte Macht des Königs. Sie traten für Meinungsfreiheit, für Toleranz gegenüber anderen Religionen und ein von der Vernunft geprägte Handeln ein. (Bd. 2, S. 256; 283 Zeichen)

Wie unterscheiden sich die Begriffserklärungen in diesen Büchern? Zunächst ein quantitativer Befund: Die Texte werden von Generation zu Generation kürzer – wobei es im Einzelfall auch Abweichungen gibt, die u.a. mit der Akzentuierung des jeweiligen Themas im betreffenden Buch zu tun haben können. Die Gesamttextlänge für die sieben Definitionen reduziert sich von 1987 (4261 Zeichen ohne Leerzeichen) bis 2000 (3170) um ein Viertel, 2016 dann (gemessen an 1987) erneut um ein Viertel und damit auf die Hälfte (2052). Das Realschulbuch liegt nochmals unterhalb der jüngsten Gymnasialvariante (1372).

Kürzere Erklärungen

Was ändert sich inhaltlich an den Texten? Unterschiede können, wie schon am Beginn des vorigen Kapitels ausgeführt, generell im Detailreichtum eines Textes, in der Ausprägung historischer Bezüge und der Bezüge auf andere Begriffe sowie in der sprachlichen Komplexität liegen. Unter diesen Gesichtspunkten ein kurzer Vergleich der ersten drei Einträge, die sich auf die Antike beziehen: Beim Stichwort Adel wird 2000 die eigentliche Begriffsdefinition komplett von 1987 übernommen, es entfällt jedoch der historische Bezug auf die Kaiserzeit sowie der Hinweis auf den Begriff „Aristokratie". In der Variante von 2016 fällt inhaltlich der Aspekt des Amtsadels weg, der Text ist deutlich vereinfacht, indem zum Beispiel die 2000 explizit ausgeführten Merkmale „Gruppe, die sich durch Reichtum, Bildung und eigenen Lebensstil auszeichnet" zu „Personen [...], die besondere Rechte genießen" verkürzt (aber damit auch entkonkretisiert) werden. Im Vergleich dazu kommt in „Entdecken und Verstehen" der Amtsadel vor, jedoch wird eine noch stärkere sprachliche Vereinfachung angestrebt („Adeliger konnte man von Geburt aus sein" statt „Sie gehören meist schon durch Geburt den herrschenden oder besonders einflussreichen Familien an").

Sprachliche Vereinfachung

Beim Stichwort „Demokratie" hat sich 2000 der Text gegenüber 1987 vollständig verändert; 2016 wird der Text von 2000 übernommen, aber der ausdrückliche historische Bezug auf Griechenland (der durch den Kontext des Kapitels, in dem der Begriff auftaucht, allerdings gegeben ist) entfällt. Beim Stichwort „Republik" schließlich ist der Text von 2000 ebenfalls gegenüber 1987 völlig verändert, inhaltlich gibt es keinen expliziten Bezug auf Rom mehr. 2016 werden leicht vereinfacht die ersten beiden Sätze von 2000 übernommen. Es entfallen dann aber alle Bezüge auf benachbarte Begriffe, nämlich „Adlige", „Monarchie" und „Demokratie". Das Realschulbuch stimmt in der Sache völlig mit der jüngsten Gymnasialvariante überein, vereinfacht jedoch die sprachliche Konstruktion weiter, u.a. durch die Transformation des letzten (Teil)Satzes vom Passiv ins Aktiv. Insgesamt finden sich also unterschiedliche Varianten von Veränderungen und Übereinstimmungen mit einer durchgehenden Tendenz zu Verkürzung und Vereinfachung. Eine übergreifende Systematik darf man dabei freilich nicht erwarten, das entspräche nicht der Charakteristik von Schulbucharbeit, die in solchen Details stets punktuell und pragmatisch vonstattengeht.

Wie kann man nun mit solchen vorliegenden Begriffserklärungen im Unterricht arbeiten? Gedacht sind sie zunächst einmal als Lesehilfen, die den Schülerinnen und Schülern das Verständnis der Verfassertexte erleichtern sollen; nützlich ist dies vor allem für eine häusliche Lektüre, bei der keine Lehrkraft für Auskünfte zur Verfügung steht. Glossarbegriffe können aber auch im Unterricht konsultiert werden, wenn sich bei Schülerinnen und Schülern während der Unterrichtsarbeit Unklarheiten im Begriffsgebrauch zeigen. Für eine gezielte Begriffsarbeit lassen sich die vorgegebenen Definitionen in der Klasse modifizieren und an deren Bedürfnisse anpassen. Schülerinnen und Schüler können Begriffserklärungen selbst vereinfachen, indem sie inhaltliche Aspekte streichen, die im aktuellen Kontext überflüssig sind. Sie können sprachlich komplexe Formulierungen durch leichter verständliche ersetzen – der Prozess, der in den Schulbüchern ohnehin im Gange ist, wird so an die Gegebenheiten der einzelnen Klasse angepasst. Schülerinnen und Schüler können aber auch vorliegende Definitionen erweitern und konkretisieren, indem sie zum Beispiel passende historische Bezüge ergänzen, etwa dann, wenn der Begriff ohnehin in neuen historischen Kontexten auftaucht.

Begriffserklärungen modifizieren

Die Anwendung von Begriffen kann geübt werden, indem Begriffe mit ihren Definitionen probehalber gewissermaßen als Messlatte an bestimmte historische Ereignisse und Situationen angelegt werden. Trifft der Begriff zu, passt er nur in einzelnen Aspekten oder ist er gar nicht angebracht? Gibt es einen anderen Begriff, der besser passen würde? Die Frage nach der treffenden Bezeichnung stellt sich beispielsweise immer bei der Behandlung des Themas „Widerstand im Nationalsozialismus". Im Rückgriff auf das Schema abweichenden Verhaltens von Detlef Peukert, das die Unterscheidung von Nonkonformität, Verweigerung, Protest und Widerstand vorsieht (Peukert 1980, S. 236), können Schülerinnen und Schüler hier gut in Gruppen die angemessene Einordnung unterschiedlicher Handlungsweisen erörtern – und dabei ggf. auch zu voneinander abweichenden Einschätzungen gelangen.

Begriffsdifferenzierung „Widerstand im Nationalsozialismus"

Aufgaben-/Textformate

Für das Lernen und Wiederholen von Begriffen, aber auch für eine Lernerfolgskontrolle können klassische Aufgaben- bzw. Testformate genutzt werden (vgl. als spielerische Variante zu politischen Begriffen das Kartenspiel max 5, 2011). Dafür in Frage kommen besonders die folgenden (alle Beispiele aus dem antiken Griechenland):

Kombinationsaufgabe

Kombinationsaufgabe: Begriffe und Begriffserklärungen stehen in zwei Spalten nebeneinander und müssen von den Schülerinnen und Schülern passend einander zugeordnet werden.

Ordne mit Pfeilen einander zu: Welcher Begriff gehört zu welcher Begriffserklärung?	
Demokratie	In den griechischen Städten Herrschaft der mächtigen Adelsfamilien, die die wichtigsten Ämter in der Politik ausübten
Monarchie	Volksherrschaft, bei der im antiken Athen jeder Bürger Mitglied der Volksversammlung war
Aristokratie	Herrschaft eines Einzelnen

Richtig-Falsch-Aufgabe

Richtig-Falsch-Aufgabe: Einzelne Begriffserklärungen sind von den Schülerinnen und Schülern als „falsch" und „richtig" zu markieren. Auch die falschen Antworten (Distraktoren) müssen plausibel formuliert sein, damit sie nicht von vornherein ausgeschlossen werden können. Die Formulierungen müssen jedoch letztlich eine eindeutige Entscheidung zulassen.

Kreuze an: Sind die Begriffserklärungen richtig oder falsch?		
Demokratie	**richtig**	**falsch**
Volksherrschaft, bei der im antiken Athen jeder (männliche) Bürger Mitglied der Volksversammlung war		
Volksherrschaft, bei der im antiken Athen alle erwachsenen Männer und Frauen Mitglied der Volksversammlung waren		

Mehrfachwahlaufgabe (Multiple-Choice, Quiz): Für einen Begriff werden mehrere Erklärungen zur Wahl gestellt, von denen in der Regel nur eine richtig ist. Hier gilt dasselbe wie bei Richtig-Falsch-Aufgaben: Auch die falschen Antworten (Distraktoren) müssen plausibel formuliert sein, damit sie nicht von vornherein ausgeschlossen werden können. Die Formulierungen müssen jedoch letztlich eine eindeutige Entscheidung zulassen.

Mehrfachwahlaufgabe

Kreuze an: Welche Begriffserklärung ist die richtige?	
Demokratie	
Volksherrschaft, bei der im antiken Athen jeder (männliche) Bürger Mitglied der Volksversammlung war	
Volksherrschaft, bei der im antiken Athen alle erwachsenen Männer und Frauen Mitglied der Volksversammlung waren	
Volksherrschaft, bei der im antiken Athen alle Menschen, die in der Stadt wohnten, Mitglied der Volksversammlung waren	

Ergänzungsaufgabe (Lückentext): In einem Text werden Lücken gelassen, in denen Begriffe zu ergänzen sind. Die Zahl der Buchstaben in den Lücken kann offen gelassen werden oder vorgegeben sein. Die Begriffe können unter dem Lückentext in einem „Wortspeicher" genannt oder sie müssen von den Schülerinnen und Schülern selbst gefunden werden. Es sollte vermieden werden, dass die Lösungen schon aus dem jeweiligen Satzkontext zu erkennen sind (Genus, Numerus).

Ergänzungsaufgabe (Lückentext)

Trage die Begriffe, die unter dem Lückentext (im „Wortspeicher") stehen, an der richtigen Stelle ein.
Die Demokratie in Athen
Im antiken Athen waren alle Bürger Mitglieder der ______________. Sie hatte viel zu sagen: Sie bestimmte über Gesetze, über die Ausgaben der Stadt oder über die Kriegsführung. Aber nicht alle Einwohner der Stadt besaßen das __________________. Es galt nur für ____________________ ab 18 Jahren, deren Eltern auch beide Athener Bürger waren. ___________________ hatten keine politischen Rechte. _______________, die in der Stadt lebten, durften sich zwar frei betätigen, hatten aber ebenfalls keine politischen Rechte. Ganz rechtlos waren die _________________; sie waren das Eigentum anderer Menschen – so als wären sie Sachen.
Männer; Volksversammlung; Frauen; Sklaven; Bürgerrecht; Metöken

5.3 (Quellen-)Begriffe kritisch prüfen und übersetzen

Sprache im historischen Kontext

Quellenbegriffe sind vielfach nur in ihrem historischen Kontext verstehbar. Sie müssen genauer hinterfragt werden: Um welchem historischen Kontext geht es? Was sind die Sprachgewohnheiten, die „Sagbarkeitsregeln" der Zeit? Hat der Begriff für die Zeitgenossen eine besondere Bedeutung, sind mit ihm spezifische Konnotationen oder Anspielungen verbunden?

Verharmlosende Begriffe

Die politische Sprache des Nationalsozialismus ist dafür ein besonders gutes Beispiel. Hier finden sich häufig verharmlosende Begriffe (wie „Endlösung"), die gewissermaßen erst einmal enttarnt werden müssen. Einen ersten orientierenden Schritt bei der kritischen Sichtung solcher Begriffe kann eine Zuordnung bilden. Dazu ein Beispiel von der Lernplattform „segu" („selbstgesteuert entwickelnder geschichtsunterricht"):

Zu welchem der sechs folgenden Themenbereiche gehören die darunter stehenden zwölf Begriffe?

Themenbereiche – Oberbegriffe

Rassismus	Sozialpolitik
Jugend	Menschen mit Behinderung
Territoriale Expansion	Holocaust

Unterbegriffe

„Lebensraum"	„Volkswagen"
„Bund Deutscher Mädel"	„Körperliche Ertüchtigung"
„Endlösung"	„Aktion Gnadentod"
„Kraft durch Freude"	„Sonderbehandlung"
„Lebensunwertes Leben"	„Aufnordnung"
„Herrenrasse"	
„Blut und Boden"	

https://segu-geschichte.de/vergiftete-sprache-begriffe-hinterfragen/, eingesehen am 28.8.2018

Beispiel Wannseekonferenz

Das Schlüsseldokument für die Vernichtung der Juden in Europa ist das Protokoll der Wannseekonferenz. Dieser Text verwendet vielfach verharmlosende, häufig bürokratische Formulierungen. Er stellt eine sprachliche Gratwanderung dar: Einerseits sollte er alle Beteiligten auf die gemeinsamen Absprachen verpflichten, andererseits aber wohl eine Absicherung für den Fall bilden, dass das Dokument mit höchster Geheimhaltungsstufe in unbefugte Hände geraten könnte. Damit Schülerinnen und Schüler in vollem Umfang nachvollziehen können, was auf der Konferenz eigentlich verhandelt und beschlossen wurde, müssen Schlüsselbegriffe und -formulierungen gleichsam in „Klartext" übersetzt werden.

Protokoll der Wannseekonferenz (Auszüge)

II. Chef der Sicherheitspolizei und des SD, SS-Obergruppenführer Heydrich, teilte eingangs seine Bestellung zum Beauftragten für die Vorbereitung der *Endlösung der europäischen Judenfrage* durch den Reichsmarschall mit und wies darauf hin, daß zu dieser Besprechung geladen wurde, um *Klarheit in grundsätzlichen Fragen* zu schaffen. Der Wunsch des Reichsmarschalls, ihm einen Entwurf über die organisatorischen, sachlichen und materiellen

Belange im Hinblick auf die Endlösung der europäischen Judenfrage zu übersenden, erfordert *die vorherige gemeinsame Behandlung aller an diesen Fragen unmittelbar beteiligten Zentralinstanzen im Hinblick auf die Parallelisierung der Linienführung.*
[...]
III.
[...] Im Zuge dieser Endlösung der europäischen Judenfrage *kommen rund 11 Millionen Juden in Betracht* [...]
Unter entsprechender Leitung sollen im Zuge der Endlösung die Juden in geeigneter Weise im Osten zum *Arbeitseinsatz* kommen. In großen Arbeitskolonnen, unter Trennung der Geschlechter, werden die arbeitsfähigen Juden straßenbauend in diese Gebiete geführt, wobei zweifellos *ein Großteil durch natürliche Verminderung ausfallen wird.*
Der allfällig endlich *verbleibende Restbestand* wird, da es sich bei diesem zweifellos um den widerstandsfähigsten Teil handelt, *entsprechend behandelt werden müssen*, da dieser, eine natürliche Auslese darstellend, bei Freilassung als Keimzelle eines neuen jüdischen Aufbaues anzusprechen ist. (Siehe die Erfahrung der Geschichte.)
Im Zuge der praktischen Durchführung der Endlösung *wird Europa vom Westen nach Osten durchgekämmt.* [...]
In der Slowakei und Kroatien ist die Angelegenheit nicht mehr allzu schwer, *da die wesentlichsten Kernfragen in dieser Hinsicht dort bereits einer Lösung zugeführt wurden.* [...]
SS-Gruppenführer Hofmann beabsichtigt, einen Sachbearbeiter des Rasse- und Siedlungshauptamtes zur allgemeinen Orientierung dann nach Ungarn mitsenden zu wollen, wenn seitens des Chefs der Sicherheitspolizei und des SD *die Angelegenheit* dort in Angriff genommen wird. [...]
IV.
[...] Mit der Bitte des Chefs der Sicherheitspolizei und des SD an die Besprechungsteilnehmer, ihm bei der *Durchführung der Lösungsarbeiten* entsprechende Unterstützung zu gewähren, wurde die Besprechung geschlossen.

Zit. nach Klein 2017, S. 80–93

Begriff/Formulierung	Bedeutung
„Endlösung der europäischen Judenfrage"	Deportation und Ermordung
„Klarheit in grundsätzlichen Fragen"	Grundlagen eines Vernichtungsplans
„die vorherige gemeinsame Behandlung aller an diesen Fragen unmittelbar beteiligten Zentralinstanzen im Hinblick auf die Parallelisierung der Linienführung"	Zusammenarbeit bei der Vernichtung der Juden
„kommen rund 11 Millionen Juden in Betracht"	11 Millionen Juden sollen umgebracht werden
„Arbeitseinsatz"	schwerste Zwangsarbeit, die in den meisten Fällen zum Tod führen wird
„ein Großteil durch natürliche Verminderung ausfallen wird"	Tod durch Zwangsarbeit
„verbleibende Restbestand"	wenige überlebende Menschen
„entsprechend behandelt werden müssen"	sollen ermordet werden
„wird Europa vom Westen nach Osten durchgekämmt"	Juden sollen systematisch erfasst und gefangengenommen werden, damit sie deportiert und ermordet werden können
„da die wesentlichsten Kernfragen in dieser Hinsicht dort bereits einer Lösung zugeführt wurden"	dort sind die meisten Juden schon ermordet worden
„die Angelegenheit"	Deportation und Ermordung
„Durchführung der Lösungsarbeiten"	Deportation und Ermordung

5.4 Begriffserklärungen im historischen Wandel untersuchen

Sprache und Rassismus

Viele Begriffe, mit denen früher „die Anderen" belegt wurden, gelten heute als massiv diskriminierend – Beispiele wie „Neger", „Zigeuner" oder „Kanake" wurden oben bereits genannt. Die Bedeutungs- und Verwendungsgeschichte solcher Begriffe kann im Geschichtsunterricht exemplarisch untersucht werden. Aussagekräftige Beispiele dafür lassen sich u. a. im Kontext des europäischen Imperialismus und Kolonialismus des 19. Jahrhunderts finden. Im Bewusstsein ihrer vermeintlichen kulturellen Überlegenheit neigten die Europäer dazu, andere Kulturen abzuqualifizieren, sie als rückständig und deshalb kolonisierungs- und entwicklungsbedürftig darzustellen. Das bildete die rassistische Legitimationsgrundlage für ihre koloniale Herrschaft. Diese Haltung hat sich auch in der Sprache niedergeschlagen, in der Europäer andere Kulturen und Völkerschaften benannt und bewertet haben.

Beispiel „Hottentotten"

Eine der in der ehemaligen deutschen Kolonie Deutsch-Südwestafrika ansässigen Völkerschaften waren die Nama. Sie wurden – vermutlich im Rückgriff auf eine Wortprägung der aus den Niederlanden stammenden Buren in Südafrika – in Deutschland als „Hottentotten" bezeichnet. Eine Erhebung der Nama 1893/94 firmierte in Deutschland als „Hottentottenaufstand" und die nachfolgenden Reichstagswahlen, in denen es um die Bekämpfung dieser Erhebung ging, hießen in der politischen Sprache der Zeit „Hottentottenwahlen". Die Wendung „Hier geht es ja zu wie bei den Hottentotten" hat sich vereinzelt bis heute in der Alltagssprache gehalten. Der Begriff ist eindeutig negativ konnotiert: Gemeint sind Unordnung und Durcheinander.

Lexikonartikel

Ein Vergleich von Lexikonartikeln aus verschiedenen Zeiten kann zeigen, wie die allgemeine deutsche Sichtweise auf die „Hottentotten" im 19. Jahrhundert ganz und gar von einer rassistischen Wahrnehmung geprägt war, der Begriff bis zur Jahrtausendwende noch nicht weiter hinterfragt wird und erst zur Gegenwart hin eine Historisierung stattfindet (vgl. Röder 2015). Nur so lässt sich heute adäquat mit dem Begriff umgehen.

Lexikonartikel von 1902
Hottentotten, zuerst von den Holländern gebrachte Bezeichnung für die Ureinwohner der Südspitze Afrikas [...], welche sich selbst Khoi-Khoin, d.i. Menschen, nennen und zusammen mit den Buschmännern eine von den übrigen Völkern des Kontinents verschiedene Rasse bilden. [...] Die schmutzigolivengelbe und fahlgraue Gesichtsfarbe, der niedrige Schädel mit wolligem, dicht verfilztem Haar, die durch meist breite, sehr hervortretende Backenknochen fast eckige Gesichtsform, die dicken Lippen, eine platte, zwischen kleinen Augen liegende Nase, sowie der kleine Wuchs sind die charakteristischen Merkmale. Die Gesichtszüge der meisten, namentlich älterer Individuen, sind häßlich und wegen des stark vorstehenden Mundes affenartig. [...] Obgleich unreinlich, dem Trunke in höchstem Maße ergeben und äußerst leichtsinnig, werden sie doch auch, da sie willig, gefällig, gutmütig und meist ehrlich sind, von den Bauern gern als Hirten und Wagenlenker in Dienst genommen.

Brockhaus 1902, S. 358 f.

Lexikonartikel 1954
Hottentotten (vom holländ. hotentots ‚die Stotterer'), eigener Name Khoi-Khoin (‚Menschen') [...] In ihrer alten Mischkultur vereinigen sich Züge osthamit. Wanderhirtentums (Rind, Schaf, auch Ziege) mit jägerischen Buschmannelementen. [...] Äußerlich ähneln sie in vielem den Buschmännern: starke Lendenlordose, faltig-schlaffe Haut im Alter, Fettsteiß [...]

Der große Brockhaus 1954, S. 557
Lordose = Verkrümmung der Wirbelsäule
Fettsteiß = Fettansammlung im Bereich des Steißbeins

Lexikonartikel von 1989
Hottentotten, Eigen-Bez. und in der Wiss. verwendete Bez. Khoikhoin (‚Mensch-Menschen', d.h. die eigentl. Menschen), zusammenfassender Name für eine Völkerfamilie in Süd- und Südwestafrika [...] In ihrer traditionellen Lebensweise vereinten sich Nomadismus und Wildbeutertum. Sie hielten Großvieh (langhornrinder) und Fettschwanzschafe, später [...] auch Ziegen; Hauptnahrungsmittel war saure Milch. Für zusätzliche Kost sorgte die Jagd der Männer und das Sammeln [...] der Frauen.

Brockhaus Enzyklopädie 1989, S. 264

Lexikonartikel von 2003
Hottentotten, Pl., Eigen-Bez. Khoikhoin, zusammenfassender Name einer Völkerfamilie in Südafrika und Namibia; hamit. Einfluss in der Wirtschaftsform (Großviehzüchter) und der Sprache. Als einzige ethnische Gruppe haben sich die Nama erhalten.

Der große Brockhaus 2003, S. 458

Wikipedia-Eintrag von 2018
Hottentotten war eine in der Kolonialzeit von den Buren erstmals verwendete Sammelbezeichnung für die im heutigen Südafrika und Namibia lebende Völkerfamilie der Khoikhoi, zu der die Nama, die Korana und Griqua (Orlam und Baster) gehörten. Man geht heute davon aus, dass die niederländische Bezeichnung Hottentot seit ihrer Einführung hauptsächlich abwertend rassistisch und diskriminierend verwendet wurde. Außerdem wurde das englische Wort *Hottentots* auf Menschen mit vermeintlich unterlegener Kultur und Mangel an intellektuellen Fähigkeiten übertragen.

https://de.wikipedia.org/wiki/Hottentotten, eingesehen am 12.2.2018

5.5 Begriffe personalisieren

Die Methode „Personen raten" ist als Unterhaltungsspiel („Wer bin ich?") bekannt, sie kann auch im Geschichtsunterricht verwendet werden. Das Verfahren kann genauso auf den spielerischen Umgang mit Begriffen übertragen werden und beim Verstehen und Behalten eines Begriffs helfen (vgl. Schlabrendorff 2015).

Methodische Varianten

Variante 1: Schülerinnen und Schüler bekommen zu einem bestimmten Themenbereich jeweils einen Begriff zugeteilt oder suchen ihn sich aus. Die Mitschülerinnen und Mitschüler müssen den Begriff erraten. Sie stellen dazu geschlossene Fragen an den „Begriffspaten", die dieser nur mit „Ja" oder „Nein" beantworten kann und darf. Das verlangt, auf der Basis von Vorwissen, ein folgerichtiges Schließen und Sich-Annähern an einen möglichen Begriff.

Variante 2: Schülerinnen und Schüler bekommen Begriffe zugeteilt, erfahren diese selbst aber nicht. Der Begriff kann auf ein Klebeband geschrieben und an der Stirn oder auf dem Rücken des Schülers befestigt werden. Nun muss umgekehrt die „Begriffspatin" durch geeignete Fragen „ihren" Begriff herausbekommen.

Variante 3: Wie in Variante 1 kennen die „Begriffspaten" ihren Begriff, die Mitschüler nicht. Die „Begriffspaten" formulieren einen oder mehrere kurze Sätze über sich, die Hinweise auf den von ihnen verkörperten Begriff geben, gleichsam eine Spur legen, ohne gleich zu viel zu verraten. Es können auch mehrere Schülerinnen und Schüler denselben Begriff verkörpern, ihre Hinweise fallen ja dann unterschiedlich aus. Die Mitschülerinnen und Mitschüler versuchen mithilfe dieser Informationen und weiterer Fragen den Begriff zu erraten.

Variante 4: Der Ansatz ist zunächst derselbe wie Variante 3. Jedoch gibt es keinen isolierten Fragevorgang, sondern es finden sich alle Schülerinnen und Schüler zusammen und versuchen, diejenigen zu finden, die denselben Begriff verkörpern.

Variante 5: In Abwandlung von Variante 4 geht es hier nicht darum, die Personen zu finden, die denselben Begriff verkörpern, sondern sich gemeinsam so im Raum zu positionieren, wie es der Beziehung zwischen dem eigenen und den (vermuteten) anderen Begriffen entspricht. Die Positionierung kann dann mithilfe von Fragen optimiert werden. Am Ende entsteht gleichsam eine Strukturskizze mit Personen. Dies ist die deutlich anspruchsvollste Variante.

Unterrichtsbeispiele

Die folgenden Beispiele aus einer 7. Gymnasialklasse zeigen, dass schon der Auftrag, einige informierende, aber nicht zu verräterische Hinweise zum eigenen Begriff zu formulieren, eine Herausforderung darstellt. In Beispiel 1 ist dies recht gut gelungen. Beispiel 2 ist von der Sache her gleichfalls passend, wirkt aber stärker verrätselt. In Beispiel 3 ist der Arbeitsauftrag nicht richtig umgesetzt. Hier wird nicht der Begriff selbst personalisiert, sondern der Schüler beschreibt in der Rolle einer Person die Auswirkungen des Begriffs. In Beispiel 4 schließlich werden zu viele Informationen gegeben. Mit dem Hinweis auf „Gottesgnadentum", „Merkantilismus" und das Datum der Revolution ist der Begriff sehr leicht zu erraten.

1. Begriff: Revolution
Hinweis: „Ich passiere sehr ruckartig und arbeite gegen den Staat."

2. Begriff: Reform
Hinweis: „Mich bevorzugen die Leute, doch manche hassen mich. Ich wollte es im Frieden klären, doch gelingen tat es nicht."

3. Begriff: Volkssouveränität
Hinweis: „Ich und all meine Freunde und Bekannten sind jetzt Träger der Staatsgewalt."

4. Begriff: Absolutismus
Hinweis: „Ich bin gut für den König und schlecht für das Volk. Der König darf durch mich über Menschen entscheiden und auch selber neue Gesetze erstellen. Während meiner Zeit herrscht Gottesgnadentum und Merkantilismus. Außerdem gibt es mich vor dem 14. Juli 1789. Danach wurde ich abgeschafft."

Beispiele aus Dräger 2017, S. 37–41

5.6 Concept mapping – Begriffsfelder und Begriffsnetze strukturieren

Concept mapping – Strukturlegeverfahren

Ein für die Begriffsarbeit außerordentlich gut geeignetes Verfahren ist das concept mapping bzw. das Strukturlegeverfahren (oder die Strukturlegetechnik). Die Unterschiede zwischen den beiden Verfahren sind nicht trennscharf definiert. In beiden Fällen geht es darum, Strukturen – in unserem Fall mit Begriffen verbundene kognitive Strukturen – zu visualisieren bzw. zu verräumlichen. Während die Bezeichnungen Strukturlegeverfahren oder Strukturlegetechnik in jüngerer Zeit offenbar eher Verwendung in der Lehr-Lern-Methodik finden (etwa Wahl 2006, S. 176–184, dort noch die Differenzierung zwischen Strukturlegetechnik und „Netzwerk"; zum Einsatz bei der Erforschung subjektiver Theorien Weidemann 2007), ist in der Forschung zu Schülervorstellungen der Terminus concept map verbreiteter (vgl. etwa für die Naturwissenschaftsdidaktik Graf 2014, Fischler/Peuckert 2000).

Reflexion und Strukturierung

In einer concept map lassen sich Zusammenhänge und Beziehungen innerhalb eines Begriffsfeldes oder eines Begriffsnetzes in visualisierter Form darstellen. Das Verfahren eignet sich besonders als Instrument für die Zusammenfassung eines behandelten Themas. Eine concept map ist das Ergebnis eines Reflexions- und Strukturierungsprozesses. Die Begriffe werden in der concept map in Form rechteckiger Kästen dargestellt. Diese werden untereinander durch Pfeile oder Striche verknüpft (beim Strukturlegeverfahren sind diese Verknüpfungen nicht unbedingt obligatorisch, vgl. Wahl 2006, S. 178). Durch Beschriftungen der Pfeile oder Striche wird die Art der Beziehung genauer beschrieben. Häufige Verknüpfungen sind Auf- oder Untergliederungen („besteht aus", umgekehrt „gehört zu" oder „ist Teil von"), Ursache-Folge-Verhältnisse („führt zu", „beeinflusst", „ist Voraussetzung von", umgekehrt „folgt aus") oder hierarchische Verhältnisse („bestimmt über", „setzt ein"). Die Berücksichtigung von Verknüpfungen macht die Darstellung komplexer, allerdings auch unübersichtlicher und aufwendiger.

Die Begriffe für ein concept mapping im Unterricht werden in der Regel von der Lehrkraft vorgegeben. Sie beziehen sich auf ein Themenfeld, das Gegenstand des Unterrichts ist bzw. war. Ggf. können Schülerinnen und Schüler auch eigene Begriffe ergänzen. Alle vorliegenden Begriffe sollen in die concept map eingebunden werden. Schülerinnen und Schüler sind aufgefordert, in ihrer map die einschlägigen Begriffe und ihr Verhältnis zueinander in einer plausiblen Form darzustellen. Das kann in Einzel-, Partner- oder Gruppenarbeit geschehen, wobei die Verständigung untereinander die Arbeit erschwert, aber auch intensiviert. Dabei können sehr unterschiedliche Figuren entstehen, wie Beispiel 1 unten zeigt; Kriterien für deren Angemessenheit sind der Grad der Strukturiertheit insgesamt, die hergestellten Beziehungen zwischen einzelnen Begriffen oder Begriffsgruppen sowie die treffende Benennung der einzelnen Beziehungen.

Qualitätskriterien

Flexibles Arbeiten

Die Entwicklung dieser Struktur erfordert intensives Nachdenken, aber auch Ausprobieren. Technisch lässt sich dies am einfachsten über einzelne Begriffskarten realisieren, die auf einem Blatt Papier zunächst lose aufgelegt werden, damit ihre Positionierung variabel bleibt, und erst dann fixiert werden, wenn die Struktur und die Verknüpfungen feststehen. Arbeitet man ohne Karten und schreibt die Begriffe direkt auf ein Blatt Papier, ist man wesentlich weniger flexibel in der Erprobung unterschiedlicher Varianten. Die Arbeit an der concept map kann vorbereitet werden, indem die Schülerinnen und Schüler zunächst prüfen, inwieweit ihnen die einzelnen auf Karten vorliegenden Begriffe klar sind. Verständnisfragen können durch Nachschlagen und Nachlesen, durch Arbeit mit einem Partner oder auch durch Rückfrage bei der Lehrkraft geklärt werden.

Concept map = mental map

Insgesamt ist die concept map gewissermaßen eine vertieft durchdachte und nach außen sichtbar gemachte mental map, die zeigt, wie die einzelnen Schülerinnen und Schüler das Thema, um das es geht, aufgefasst und verarbeitet haben (vgl. als Unterrichtsbeispiel Witt 2015). Das Verständnis, das die Schülerinnen und Schüler vom Thema haben, wird auf diese Weise wahrnehmbar – für die Lehrkraft, aber auch für die Mitschüler. Die einzelnen concept maps können anschließend in der Klasse oder zunächst in Partner- oder

Gruppenarbeit vorgestellt (und dabei verbalisiert), diskutiert und optimiert werden. Gegebenenfalls kann dies in die Konstruktion einer concept map für die ganze Klasse münden, die sich im Unterrichtsraum als gemeinsames Produkt und Merkhilfe auf einem Lernplakat präsentieren lässt. Sind die concept maps schon von Beginn an in Partner- oder Kleingruppenarbeit erstellt worden, ist der Prozess eines gemeinsamen Nachdenkens und Aushandelns bereits integriert. Auf der Basis von concept maps kann auch ein zusammenfassender Text formuliert werden, der die verdichtete Struktur dann wieder sprachlich expliziert und anreichert (Beispiel 2).

Beispiel 1: Zusammenfassung der Themen Absolutismus und Französische Revolution mithilfe von concept maps (7. Gymnasialklasse)

Beispiel „Absolutismus" und „Französische Revolution"

Arbeitsauftrag: Erstelle mit den folgenden zwölf Begriffen, die du in diesem Schuljahr gelernt hast, eine Concept Map. Die leeren Kärtchen kannst du bei Bedarf für weitere Begriffe nutzen, die du selbst noch ergänzen möchtest.		
Absolutismus	Gottesgnadentum	Merkantilismus
Manufaktur	Aufklärung	Gewaltenteilung
Volkssouveränität	Menschen- und Bürgerrechte	konstitutionelle Monarchie
Revolution	Rebellion	Reform

Dräger 2017, S. 53

Schülerlösungen

Die folgenden beiden Beispiele für Schülerlösungen zeigen deutliche Unterschiede. In Schülerlösung 1 ist die Struktur relativ unübersichtlich. Die Begriffe „König" und „Reform" stehen unverbunden neben den anderen. Die Verknüpfungen sind vielfach nicht einleuchtend, so etwa die direkte Verbindung von „Absolutismus“ und „Revolution“. Schülerlösung 2 ist wesentlich strukturierter. Der Begriff „Absolutismus“ steht im Zentrum, es gibt drei Stränge, über die alle Begriffe miteinander verknüpft sind. Allerdings sind auch hier im Einzelnen zahlreiche Begriff nicht plausibel aufeinander bezogen: So hätte etwa die Trias von „Reform“, „Rebellion“ und „Revolution“, die unterschiedliche Formen gesellschaftlicher Veränderung repräsentieren, zueinander gehört. Der Vergleich mit der Lehrerlösung zeigt, dass beide Schülerlösungen letztlich von der dort angestrebten Systematik ziemlich weit entfernt geblieben sind. Offenbar bildet die Erstellung einer concept map von zwölf Begriffen, die sich auf ein komplexes Themenfeld mit unterschiedlichen historischen Dimensionen (Herrschaft und ihre Veränderung, Wirtschaft, Philosophie/Weltdeutung, Verfassungstheorie) beziehen, eine ziemliche Herausforderung. Dennoch haben die Schülerinnen und Schüler in der Evaluation das Verfahren als sehr hilfreich eingeschätzt. Sie waren allerdings dabei auch der Meinung, dass sie mit der Umsetzung relativ leicht zurechtgekommen seien.

Schülerlösung 1

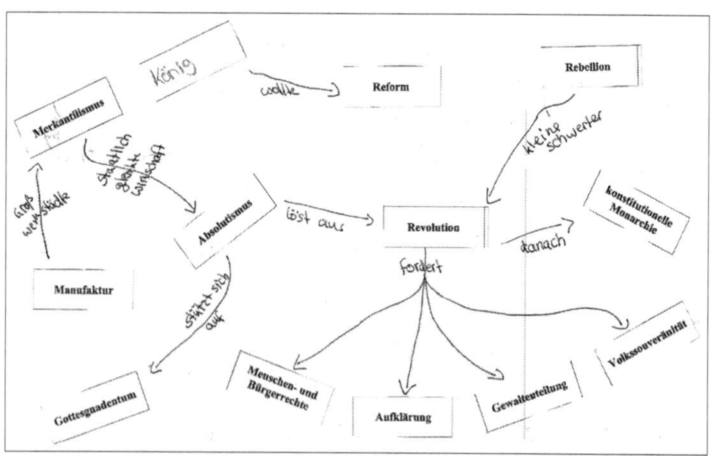

Schülerlösung 2

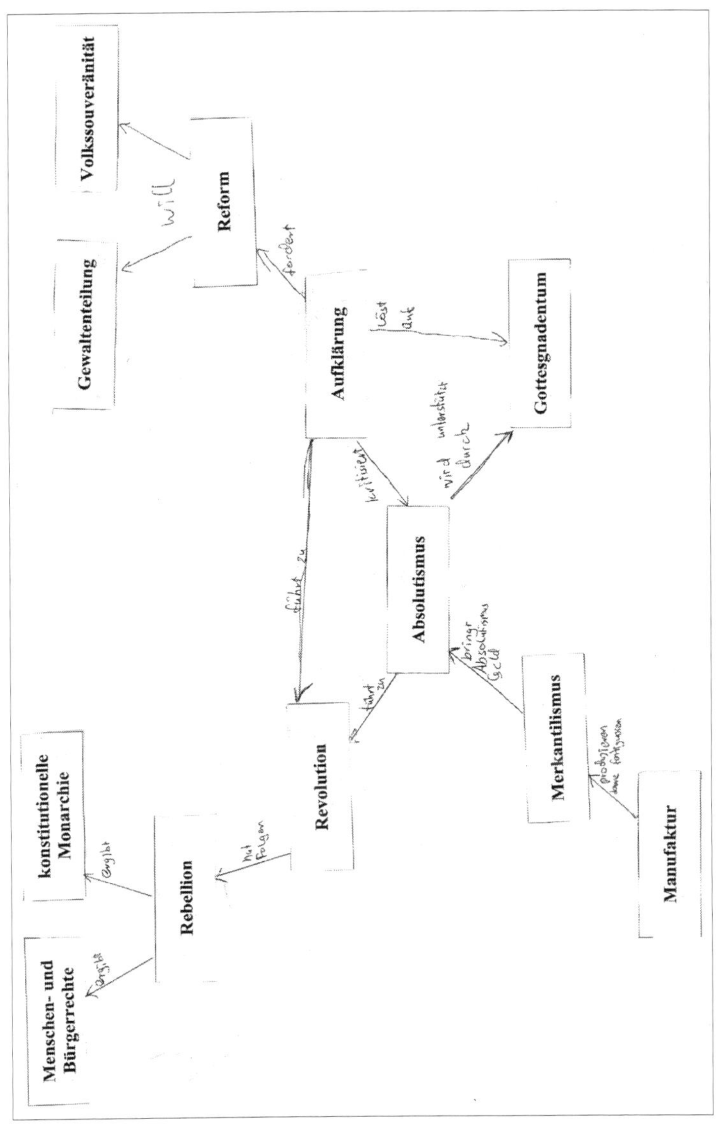

Lehrerlösung

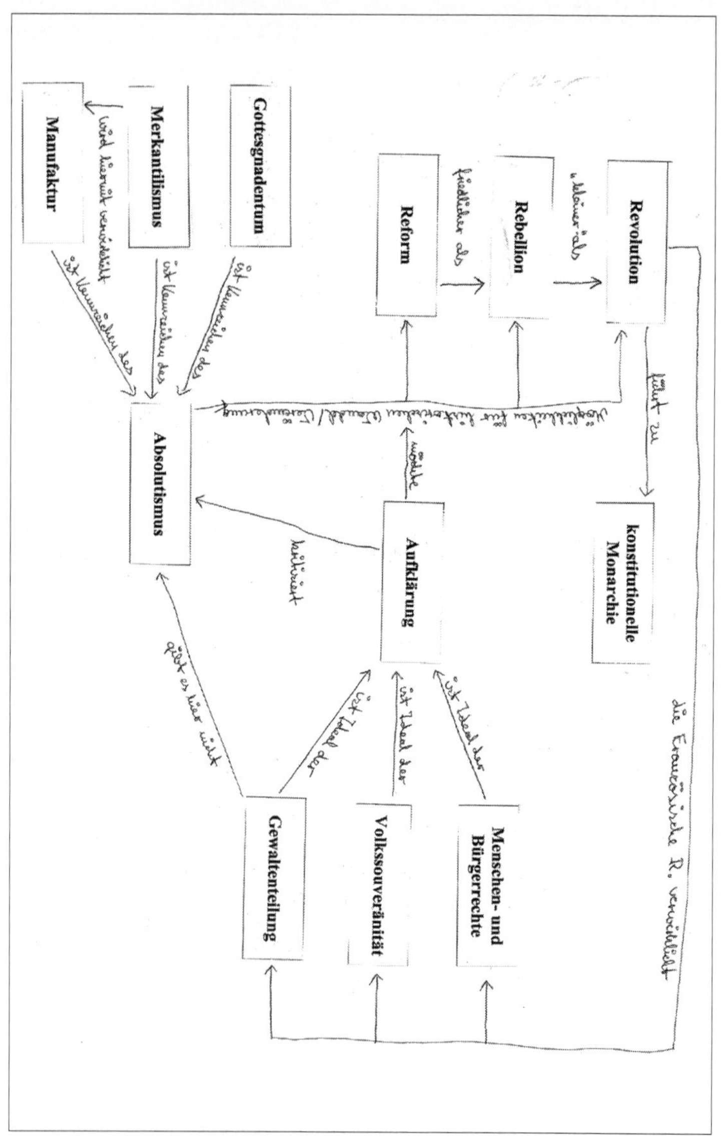

Dräger 2017, S. 62, 63, 68

Beispiel 2: Entwicklung eines Lexikonartikels aus einer concept map zum Thema Leben im antiken Griechenland

Beispiel Leben im antiken Griechenland

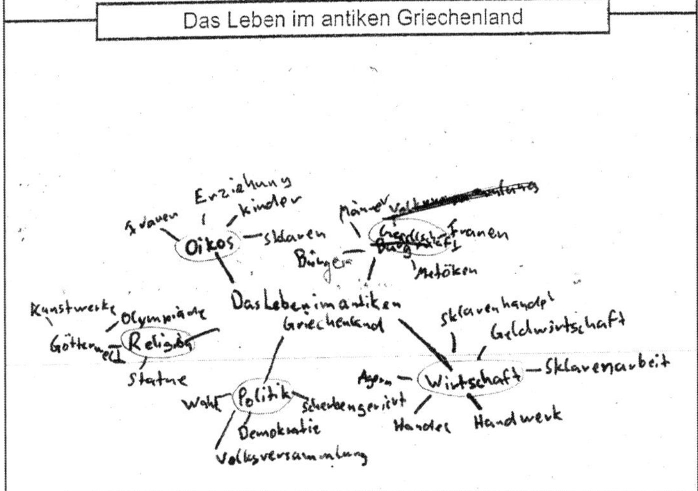

Schreibe jetzt den Lexikonartikel

Das Leben im alten Griechenland

Früher war Griechenland kein einziges Land, so wie heute, sondern die einzelnen Poleis haben sich durch Kolonisation an der Mittelmeerküste Europas und des nahen Ostens verteilt. Jedoch trafen sie sich regelmäßig z.B. bei den Olympischen Spielen. In manchen Poleis gab es auch schon die ersten Demokratien. Wir erklären das einmal an dem Beispiel Athen:

Alle Männer in Athen gehen zur Volksversammlung. Aus diesen Bürgern werden Amtsträger und das Gericht ausgelost. Der einzige Amtsträger, der gewählt wurde, war der Stratege, da er militärische Kenntnisse haben sollte und gut reden sollte. Außerdem gibt es noch den Rat der 500. In dem sitzen jeweils 50 Bürger aus jedem Bezirk. Aber sie waren jeweils nur ein Jahr im Amt, damit sie nicht machtsüchtig wurden.

> Die Griechen glaubten an viele Götter, was man Polytheismus nennt. Und außerdem: auch wenn man es nicht glaubt wurde die Olympiade nicht als Freizeitbeschäftigung, sondern zu Ehren des Gottes Zeus veranstaltet.

https://lehrerfortbildung-bw.de/u_gewi/geschichte/gym/bp2016/fb6/5_frage_sach/1_vor/3_sach/strukt/, eingesehen am 28.8.2018

5.7 Die Beherrschung von Begriffen evaluieren

Wie bei anderen Wissenselementen bzw. Kompetenzen kann auch die Beherrschung von Begriffen evaluiert werden. Das klarste Bild vom Stand der Schülerinnen und Schüler vermitteln von diesen selbst verfasste Definitionstexte. Man kann aber auch auf einfache Testverfahren zurückgreifen, wie sie oben in Kapitel 5.2 beschrieben worden sind. Anders als diese vermitteln Selbstauskünfte von Schülerinnen und Schülern keine Informationen über ihre tatsächlichen Fähigkeiten, sondern nur darüber, wie sie selbst diese einschätzen – und diese Selbsteinschätzungen können sehr unterschiedlich realistisch ausfallen. Dennoch ermöglichen sie, zusammen mit dem Eindruck der Lehrkraft, mit überschaubarem Aufwand Tendenzbefunde, insbesondere dann, wenn es sich um ein weiteres Themenfeld mit einer größeren Anzahl von Begriffen handelt.

Selbstdiagnosebogen

Hier ein Beispiel für einen Selbstdiagnosebogen. Die Antwortmöglichkeiten auf einem solchen Bogen können in drei oder vier Stufen differenziert werden („gut – einigermaßen – nicht gut", „sicher – ziemlich sicher – unsicher – sehr unsicher"); eine stärkere Differenzierung erschwert die Selbsteinschätzung eher. Aus dem Ergebnis der Evaluation lässt sich der Klärungs- und Übungsbedarf einzelner Schülerinnen und Schüler bzw. der gesamten Lerngruppe ableiten. Wie weit und gezielt man darauf im (höchstens) Zweistundenfach Geschichte reagieren kann, sei dahingestellt.

Selbstdiagnosebogen: Schülerkompetenzen im Umgang mit Begriffen (am Beispiel des Themas Absolutismus)				
Schätze ein, wie sicher du mit den folgenden Begriffen umgehen kannst.	sicher	ziemlich sicher	unsicher	sehr unsicher
Absolutismus				
Gottesgnadentum				
Merkantilismus				
Manufaktur				
Aufklärung				
Gewaltenteilung				
Volkssouveränität				
Revolution				
Menschen- und Bürgerrechte				
Konstitutionelle Monarchie				

Vgl. Dräger 2017, S. 69

6. Schluss

Begriffsarbeit als explizite Aufgabe des Geschichtsunterrichts

Viele Ideen, viele Vorschläge – wie aber lassen sie sich angesichts notorischer Zeitknappheit im Zweistundenfach Geschichte realisieren? Eine generelle Voraussetzung dafür ist zunächst, dass Lehrkräfte Begriffsarbeit als explizite Aufgabe des Geschichtsunterrichts begreifen, ausdrückliche Lerngelegenheiten vorsehen wie auch einzelne Unterrichtssituationen sensibel wahrnehmen und nutzen. Was hier als „anlassbezogene Begriffsarbeit" bezeichnet wurde, ist vergleichsweise wenig zeitaufwendig und kann doch auf lange Sicht zu einer entsprechenden Kompetenzentwicklung der Schülerinnen und Schüler führen. Schwieriger steht es mit der systematischen Begriffsarbeit. Hier gilt dasselbe wie grundsätzlich für die langfristig angelegte kumulative Vermittlung von Kompetenzen. Zu den Merkmalen eines modernen, guten Geschichtsunterrichts sollte es gehören, dass er stärker auf Qualität als auf Quantität setzt, dass die Lehrkraft mehr auf genaue Durchdringung als schnelles thematisches Fortschreiten achtet, dass es um historisches Lernen und nicht nur um Lernen von Geschichte geht. Ein solcher Unterricht braucht Zeit für vertiefte Analyse und immer wieder eingebaute „Metakognitionsschleifen", die zudem für die Schülerinnen und Schüler in ihrer Funktion plausibel gemacht werden. Das lässt sich nur dann umsetzen, wenn thematische Quantität und Quellenarbeitsroutine reduziert werden zugunsten von Intensität und verstärkter Reflexion.

Literatur

Alavi, Bettina, Begriffsbildung im Geschichtsunterricht, in: Uffelmann, Uwe/Seidenfuß, Manfred (Hg.), Verstehen und Vermitteln, Idstein 2004, S. 39–61.

Alavi, Bettina, Begriffslernen, in: Mayer, Ulrich u.a. (Hg.), Wörterbuch Geschichtsdidaktik, Schwalbach/Ts. 2006, S. 27 f.

Baltrusch, Ernst, Frieden und Selbstbestimmung. Die Koine-Eirene-Verträge des 4. Jahrhunderts v. Chr., in: Geschichte in Wissenschaft und Unterricht 70, 2019, H. 5/6, S. 237–260.

Becker-Waßner, Nicola, Wer soll regieren? Erarbeitung eines Begriffsnetzes zum Thema Herrschaft, in: Geschichte lernen H. 168 (2015), S. 48–53.

Beilner, Helmut/Langer-Plän, Martina, Zum Problem historischer Begriffsbildung, in: Günther-Arndt, Hilke/Sauer, Michael (Hg.), Geschichtsdidaktik empirisch. Untersuchungen zum historischen Denken, Berlin 2006, S. 215–250.

Brockhaus Enzyklopädie, Bd. 10, Mannheim 19., völlig neu bearb. Aufl. 1989.

Brockhaus, der große, Bd. 5, Wiesbaden 16. völlig neubearb. Aufl. 1954.

Brockhaus, der große, in einem Band, Leipzig/Mannheim 2003.

Brockhaus' Konversationslexikon, Berlin/Wien 14., vollständig neubearbeitete Aufl. 1902.

Brunner, Otto/Conze, Werner/Koselleck, Reinhart (Hg.), Geschichtliche Grundbegriffe. Historisches Lexikon zur politisch-sozialen Sprache in Deutschland. 8 Bde., Stuttgart 1972–1997.

Claar, Annette, Die Entwicklung ökonomischer Begriffe im Jugendalter. Eine strukturgenetische Analyse, Berlin u.a. 1990.

Donath, Friedrich, Begriffsbildung im Geschichtsunterricht, Berlin (Ost) 1962.

Dräger, Marco, Vive la révolution? Zum Umgang mit einem schwierigen Deutungsbegriff, in: Geschichte lernen H. 168 (2015), S. 22–27.

Dräger, Marco, Die Aneignung von Fachbegriffen im Geschichtsunterricht der Jahrgangsstufe 7 lernwirksam gestalten. Unveröffentlichte schriftliche Arbeit zum Zweiten Staatsexamen, Göttingen 2017.

Fischler, Helmut/Peuckert, Jochen (Hg.), Concept Mapping in fachdidaktischen Forschungsprojekten der Physik und Chemie, Berlin 2000.

Flemming, Jens, Begriffsgeschichte, in: Asendorf, Manfred u.a. (Hg.), Geschichte. Lexikon der wissenschaftlichen Grundbegriffe, Reinbek 1994, S. 96–98.

Flemming, Jens, Revolution, in: Asendorf, Manfred u.a. (Hg.), Geschichte. Lexikon der wissenschaftlichen Grundbegriffe, Reinbek 1994, S. 549–555.

Flümann, Gereon (Hg.), Umkämpfte Begriffe. Deutungen zwischen Demokratie und Extremismus, Bonn 2017.

Gautschi, Peter, Kompetenzmodell für den Geschichtsunterricht (2006) (https://www.lehrmittelverlag-zuerich.ch/Portals/1/Documents/lehrmittelsites/hinschauen%20und%20nachfragen/hinschauen%20und%20nachfragen_downloads/3_Kompetenzen.pdf, eingesehen am 9.2.2018).

Geschichte lernen H. 168 (2015): Begriffe.

Graf, Dittmar, Concept Mapping als Diagnosewerkzeug, in: Krüger, Dirk/Parchmann, Ilka/Schecker, Horst (Hg.), Methoden in der naturwissenschaftsdidaktischen Forschung, Berlin 2014, S. 325–337.

Grzesik, Jürgen, Begriffe lernen und lehren. Psychologische Grundlagen: Operative Lerntheorie; Unterrichtsmethoden: Typische Phasen; Unterrichtspraxis: Kommentierte Unterrichtsprotokolle, Stuttgart 1988.

Günther-Arndt, Hilke, Historisches Lernen und Wissenserwerb, in: Günther-Arndt, Hilke (Hg.), Geschichtsdidaktik. Praxishandbuch für die Sekundarstufe I und II, Berlin 2003.

Günther-Arndt, Hilke, Conceptual-Change-Forschung: Eine Aufgabe für die Geschichtsdidaktik, in: Günther-Arndt, Hilke/Sauer, Michael (Hg.), Geschichtsdidaktik empirisch. Untersuchungen zum historischen Denken und Lernen, Berlin 2006, S. 251–277.

Günther-Arndt, Hilke, Hinwendung zur Sprache in der Geschichtsdidaktik – Alte Fragen und neue Antworten, in: Handro, Saskia/Schönemann, Bernd (Hg.), Geschichte und Sprache, Berlin 2010, S. 17–46.

Handro, Saskia, „Sprachsensibler Geschichtsunterricht". Systematisierende Überlegungen zu einer überfälligen Debatte, in: Hasberg, Wolfgang/Thünemann, Holger (Hg.), Geschichtsdidaktik in der Diskussion. Grundlagen und Perspektiven, Frankfurt/M. 2016, S. 265–296.

Hasberg, Wolfgang, Begriffslernen im Geschichtsunterricht oder Dialog konkret, in: Geschichte, Erziehung, Politik 6 (1995), H. 3, S. 145–159, H. 4, S. 217–227.

Juchler, Ingo, Politische Begriffe der Außenpolitik. Konstituenten von Fachkonzepten und Political Literacy, in: Weißeno, Georg (Hg.), Politikkompetenz. Was Unterricht zu leisten hat, Bonn 2008, S. 169–183.

Klausmeier, Kathrin, Die DDR war keine Diktatur!? Ergebnisse einer empirischen Studie zu den Vorstellungen Jugendlicher von der DDR, in: Armin-Rosenthal, Anna von/Hüttmann, Jens, Diktatur und Demokratie im Unterricht. Der Fall DDR, Berlin 2017, S. 88–99.

Klein, Peter, Die „Wannsee-Konferenz" am 20. Januar 1942. Eine Einführung, Berlin 2017.

Koselleck, Reinhart, Begriffsgeschichte, in: Jordan, Stefan (Hg.), Lexikon Geschichtswissenschaft. Hundert Grundbegriffe, Stuttgart 2002, S. 40–44.

Krieger, Herbert (Hg.), Aufgabe und Gestaltung des Geschichtsunterrichts. Handreichungen für den Geschichtslehrer (Handbuch des Geschichtsunterrichts Bd. I), Frankfurt/M./Berlin/München 5. Aufl. (Neufassung) 1969.

Langewiesche, Dieter, Stichwort: Revolution, in: van Dülmen, Richard, Fischer Lexikon Geschichte, Frankfurt/M. akt. Neuausgabe 1994, S. 250–270.

Matschke, Kristina, Förderung fachsprachlicher Kompetenzen im Unterrichtsgespräch – aber wie? Ein Einblick in ein Dissertationsprojekt am Beispiel des Begriffs „Schlieffen-Plan", in: Geschichte lernen H. 182 (2018), S. 64f.

max 5. Wer kennt sich aus? 120 knifflige Ratebegriffe, Bonn: Bundeszentrale für politische Bildung 2011 (http://www.bpb.de/shop/lernen/spiele/34259/max-5, eingesehen am 5.9.2018).

Mehr, Christian/Werner, Kerstin, Geschichtstexte verstehen. Sinnerschließendes Lesen als historisches Lernen, in: Geschichte lernen H. 148 (2012), S. 2–11.

Meyer-Hamme, Johannes/Thünemann, Holger/Zülsdorf-Kersting, Meik (Hg.), Was heißt guter Geschichtsunterricht? Perspektiven im Vergleich, Schwalbach/Ts. 2012.

Lukesch, Helmut, Psychologie des Lernens und Lehrens, Regensburg 2001.

Mietzel, Gerd, Pädagogische Psychologie des Lernens und Lehrens, Bern/Toronto/Seattle 7., korr. Aufl. 2003.

Pandel, Geschichtsunterricht nach PISA. Kompetenzen, Bildungsstandards und Kerncurricula, Schwalbach/Ts. 2005.

Pernau, Margrit, Einführung: Neue Wege der Begriffsgeschichte, in: Geschichte und Gesellschaft 44 (2018), H. 1, S. 5–28.

Peukert, Detlev, Die Edelweißpiraten. Protestbewegung jugendlicher Arbeiter im „Dritten Reich". Eine Dokumentation, Köln 1980.

Pülm, Bonnie, Das Begriffsverständnis von Schülerinnen und Schülern im Fach Geschichte. Eine empirische Studie. Unveröffentlichte Masterarbeit, Göttingen 2013.

Röder, Dennis, „Wie bei den Hottentotten!" Kritische Auseinandersetzung mit kolonialer und rassistischer Sprache, in: Geschichte lernen H. 168 (2015), S. 28–33.

Rohlfes, Joachim, Begriffsbildung, in: Bergmann, Klaus u. a. (Hg.), Handbuch der Geschichtsdidaktik, 5. überarb. Aufl. Seelze-Velber 1997, S. 470–472.

Rohlfes, Joachim, Beobachtungen zur Begriffsbildung in der Geschichtswissenschaft, in: Jäckel, Eberhard/Weymar, Ernst (Hg.), Die Funktion der Geschichte in unserer Zeit, Stuttgart 1975, S. 59–73.

Rohlfes, Joachim, Geschichte und ihre Didaktik, Göttingen 1986, 3., erw. Aufl. 2005, S. 68–72, 145–147.

Sandkühler, Thomas, Historische Begriffe, in: Bergmann, Klaus u. a. (Hg.), Handbuch der Geschichtsdidaktik, 5. überarb. Aufl. Seelze-Velber 1997, S. 154–156.

Sauer, Michael, Kompetenzen für den Geschichtsunterricht – ein pragmatisches Modell als Basis für die Bildungsstandards des Verbandes der Geschichtslehrer, in: Informationen für den Geschichts- und Gemeinschaftskundelehrer H. 72 (2006), S. 7–20.

Sauer, Michael, Geschichtszahlen – was sollen Schülerinnen und Schüler verbindlich lernen? Ergebnisse einer Lehrerbefragung, in: Geschichte in Wissenschaft und Unterricht 59 (2008), H. 11, S. 612–630.

Sauer, Michael, Begriffsarbeit im Geschichtsunterricht, in: Geschichte lernen H. 168 (2015), S. 2–11.

Sauer, Michael, Wie verwenden Geschichtslehrkräfte Schulbücher? Ergebnisse einer Lehrerbefragung, in: Geschichte in Wissenschaft und Unterricht 69, 2018, H. 7/8, S. 406–417.

Schlabrendorff, Annette von, Wiederholen und Festigen. Ein notwendiger, aber lästiger Motivationskiller?, in: Praxis Geschichte H. 1 (2015), S. I-IV.

Schneider, Gerhard, Transfer. Ein Versuch über das Behalten und Anwenden von Geschichtswissen, Schwalbach/Ts. 2009, S. 17–19, 125–158.

Schöner, Alexander, Kompetenzbereich historische Sachkompetenz, in: Körber, Andreas/Schreiber, Waltraud/Schöner, Alexander (Hg.), Kompetenzen historischen Denkens. Ein Strukturmodell als Beitrag zur Kompetenzorientierung in der Geschichtsdidaktik, Neuried 2007, S. 265–314, insbesondere 272–277.

Schroeder, Klaus/Deutz-Schroeder, Monika/Quasten, Rita/Schulze Heulin, Dagmar, Später Sieg der Diktaturen? Zeitgeschichtliche Kenntnisse und Urteile von Jugendlichen, Frankfurt/M. 2012.

Seel, Norbert M., Psychologie des Lernens. Lehrbuch für Pädagogen und Psychologen, München/Basel 2., akt. u. erw. Aufl. 2003.

Stohr, Bernhard, Methodik des Geschichtsunterrichts. Probleme der Gestaltung des Geschichtsunterrichts in der allgemeinbildenden polytechnischen Oberschule, Berlin (Ost) 1968.

Ventzke, Michael, Begriffliches Arbeiten und „Geschichte denken“, in: Kühberger, Christoph (Hg.), Historisches Wissen. Geschichtsdidaktische Erkundungen zu Art, Tiefe und Umfang für das historische Lernen, Schwalbach/Ts. 2011, S. 75–102.

Wahl, Diethelm, Lernumgebungen erfolgreich gestalten. Vom trägen Wissen zum kompetenten Handeln, Bad Heilbrunn 2. Aufl. 2006.

Weidemann, Doris, Strukturlegeverfahren, in: Straub, Jürgen/Weidemann, Arne/Weidemann, Doris (Hg.), Handbuch interkulturelle Kommunikation und Kompetenz. Grundbegriffe, Theorien, Anwendungsfelder, Stuttgart 2007, S. 358–364.

Wenzel, Birgit, Kartenmethoden, in: Wenzel, Birgit, Kreative und innovative Methoden. Geschichtsunterricht einmal anders, Schwalbach/Ts. 2010, S. 138–147.

Witt, Dirk, Strukturlegetechnik. Begriffe individuell verstehen, miteinander kommunizieren, kooperativ agieren, in: Geschichte lernen H. 168 (2015), S. 16–21.

Curricula

Bildungsplan Geschichte Gymnasium Baden-Württemberg, Stuttgart 2016 (http://www.bildungsplaene-bw.de/,Lde/Startseite/BP2016BW_ALLG/BP2016BW_ALLG_GYM_G, eingesehen am 27.8.2018).

Bildungsplan Gymnasium Sekundarstufe I Geschichte, Hamburg 2011 (https://www.hamburg.de/contentblob/2373302/20adcd9a929113b7c34d726fbb58be8a/data/geschichte-gym-seki.pdf, eingesehen am 28.8.2018).

Gemeinsamer Bildungsplan Geschichte Baden-Württemberg, Stuttgart 2016 (http://www.bildungsplaene-bw.de/,Lde/LS/BP2016BW/ALLG/SEK1/G, eingesehen am 27.8.2018).

Kerncurriculum Geschichte für das Gymnasium Niedersachsen, Schuljahrgänge 5–10, Hannover 2008.

Kerncurriculum Geschichte für das Gymnasium Niedersachsen, Schuljahrgänge 5–10, Hannover 2015 (http://db2.nibis.de/1db/cuvo/datei/ge_gym_si_kc_druck.pdf, eingesehen am 27.8.2018).

Kerncurriculum Geschichte für das Gymnasium – gymnasiale Oberstufe, die Gesamtschule – gymnasiale Oberstufe, das Berufliche Gymnasium, das Abendgymnasium, das Kolleg Gymnasium Niedersachsen, Hannover 2017 (http://db2.nibis.de/1db/cuvo/datei/ge_go_kc_druck_2017.pdf, eingesehen am 5.9.2018)

LehrplanPLUS Geschichte Gymnasium Bayern, München 2018 (http://www.lehrplanplus.bayern.de/fachlehrplan/gymnasium/6/geschichte, eingesehen am 27.8.2018).

Schulbücher

Entdecken und Verstehen, Differenzierende Ausgabe Niedersachsen, hg. von Hans-Gert Ooomen und Thomas Berger-von der Heide, Berlin: Cornelsen 2013 ff.

Forum Geschichte, hg. von Hans-Otto Regenthal, Berlin: Cornelsen 2000 ff.

Forum Geschichte, Ausgabe Niedersachsen, Berlin: Cornelsen 2016 ff..

Geschichtsbuch. Die Menschen und ihre Geschichte in Darstellungen und Dokumenten, Berlin: Cornelsen 1986 ff.

Internetressourcen (außer Curricula)

APAEK – Archiv für pädagogische Kasuistik, https://archiv.apaek.uni-frankfurt.de/1028.

Hottentotten, Wikipedia-Artikel, https://de.wikipedia.org/wiki/Hottentotten.

segu-geschichte – selbstgesteuert entwickelnder geschichtsunterricht, https://segu-geschichte.de/vergiftete-sprache-begriffe-hinterfragen/.